KB130236

MAKE YOUR BED

침대부터 정리하라

인생을 바꾸고 세상을 바꾸는 사소한 일들

윌리엄 H. 맥레이븐 지음 | 고기탁 옮김

MAKE YOUR BED
by WILLIAM H. MCRAVEN

일러두기
• 이 책의 각주는 모두 옮긴이주이다.

이 책은 실로 꿰매어 제본하는 전통적인 사철 방식으로 만들어졌습니다.
사철 방식으로 제본된 책은 오랫동안 보관해도 손상되지 않습니다.

사랑하는 빌과 존, 켈리에게.

이 세상의 어떤 아버지보다 나는 너희를

자랑스럽게 생각한다.

너희가 있어서 삶의 매 순간순간이 더없이 행복했다.

내가 꿈꾸었던 모든 것을 가능하게 해준

나의 가장 친한 친구, 아내 조지안에게.

당신이 없다면 어떻게 내가 있을 수 있겠소?

서문

2014년 5월 17일, 나는 텍사스 대학 오스틴 캠퍼스 졸업식에서 연설을 맡는 영광을 얻었다. 내 모교이기는 하지만 자신의 이력을 전쟁으로 말해야 하는 군 장교의 이야기를 학생들이 좋아하지 않을 수 있다는 생각에 내심 걱정도 되었다. 하지만 놀랍게도 학생들은 내 연설을 열렬히 받아들였다. 내 졸업 연설의 핵심이었던 네이비실 훈련에서 배운 열 가지 교훈이 보편적인 호소력을 발휘한 듯했다. 실 기초 군사 훈련에서 맞닥뜨리게 되는 시련을 어떻게 극복할 것인가를 다룬 아주 단순한 교훈들이었지만, 그 열 가지 교훈은 삶의 시련을 극복하는 데도 똑같이 요긴하게 쓰였다. 누구에게든 다르지 않다. 지난 3년 동안 많은 사람이 길을 가던 나를 멈춰 세우고 자신이 어떻게 상어들에게서 물러서지 않았는지, 어떻게 종을 끝까지 울리지 않았는지, 아침마다 침대를 정리하는 일이 고난의 시기를 헤쳐 나가는 데 얼마나 큰 도움이 되었는지 얘기하곤 했다. 그들은 또 하나같이 그 열 가지 교훈이 내 인생을 어떻게 바꾸었는지, 그리고 군에 복무할 당시에 누가 내게 그런 영감을 주었는지에 관해 더 많은 것을 알고 싶어 했다. 이 작은 책은 그와 같은 그들의 궁금증을 풀어 주기 위한 시도이다. 각 장(章)은 나의 개인적인 교훈에 관련된 보다 자세한 이야기를 담고 있으며, 자신의 원칙과 인내심, 명예심, 용기를 보여 줌으로써 내게 영감을 준 사람들에 관한 짧은 이야기를 덧붙이고 있다. 그럼 재미있게 읽기 바란다!

차례

1

하나의 임무를 완수하며
하루를 시작하라

인생을 바꾸고

세상을 바꾸고 싶다면,

침대부터 정리하라.

네이비실 기초 군사 훈련이 이루어지는 훈련소의 막
사는 캘리포니아주 코로나도섬 해변에 위치한 단조로
운 3층짜리 건물이고 몇 걸음만 걸어 나가면 바로 태평
양이다. 막사 전체에 에어컨도 없다. 밤이 되면 열린 창
문으로 바닷물이 밀려오는 소리와 파도가 모래를 때리
는 소리가 들린다.

  내무반은 간소하다. 내가 다른 동급생 세 명과 함께
생활한 장교용 내무반에는 침대 네 개와 군복을 걸어 보
관하는 벽장 한 개 말고는 아무것도 없었다. 막사에서
지내는 동안 아침이면 나는 선반이나 다름없는 해군 특
유의 침대에서 몸을 빼냄과 동시에 곧바로 침대를 정리
하기 시작했다. 침대 정리는 그날의 첫 번째 임무였다.
당시 내가 아는 하루란 복장 검사와 장시간의 수영, 더
장시간의 달리기, 장애물 훈련, 네이비실 교관들의 끊임

없는 닦달로 가득 차 있었다.

「차렷!」교관이 내무반에 들어서자 훈련병 대표 대니얼 스튜어드 중위가 구령을 외쳤다. 침대 발치에 정렬한 채 나는 뒤꿈치에서 소리가 나도록 차려 자세를 취했다. 상사 한 명이 내게 다가왔다. 그는 근엄하고 무표정한 얼굴로 내가 쓰고 있는 풀 먹인 팔각 모자가 주름 하나 없이 빳빳한지, 혹시 실밥이 터진 곳은 없는지 확인하는 것으로 검열을 시작했다. 교관의 예리한 시선이 머리에서 발끝까지 나의 복장 상태를 샅샅이 훑으면서 지나갔다. 상의와 하의의 주름은 가지런히 정렬되었는가? 벨트의 황동 버클은 거울처럼 반짝이는가? 군화는 교관의 손가락이 비칠 정도로 광이 나는가? 교관은 내가 실 훈련병에게 요구되는 까다로운 기준을 충족시킨 것에 만족하면서 침대를 검사하기 위해 이동했다.

침대 역시 내무반만큼이나 간소했다. 철제 틀과 싱글 매트리스가 전부였다. 매트리스를 감싼 보텀 시트 위에 톱 시트가 덮여 있었다. 샌디에이고의 쌀쌀한 저녁 날씨로부터 온기를 지켜 주는 회색 울 담요는 매트리스 아래로 단단히 접어 넣은 상태였다. 예비 담요는 침대 발치에 직사각형 모양으로 능숙하게 접혀 있었다. 시각 장애인을 위한 복지 기관 〈라이트하우스〉에서 생산된 1인용 베개는 침대 머리맡 정중앙에 놓여 있었고 밑에 있는 담요와 90도 각도로 만났다. 이것이 기준이었다. 이 기준에서 조금만 어긋나도 나는 파도에 몸을 던지고 나서 젖은 모래를 머리에서 발끝까지 온통 뒤집어쓸 때까지 해변을 굴러야 했다. 이른바 〈설탕 쿠키〉가 되어야 했다.

부동자세를 유지하면서 나는 교관을 곁눈질했다. 교관은 내 침대를 깐깐하게 살폈다. 허리를 숙여 내가 시트 모서리를 깔끔하게 접어 침대 밑으로 넣었는지, 담요와 베개를 올바르게 정렬했는지 검사했다. 그러고 나서 주머니에 손을 집어넣어 25센트짜리 동전을 꺼내 공중에 몇 번 튕겨 보였다. 침대 검사의 마지막 단계가 시작될 것임을 알려 주는 신호였다. 동전이 마지막으로 높이 튕겨져 올랐다가 매트리스에 떨어졌고 반동으로 다시 살짝 튀어 올랐다. 매트리스에서 10센티미터 정도 높이였는데 교관이 다시 낚아채기에 충분한 높이였다.

나를 향해 홱 돌아선 교관이 눈을 마주치며 고개를 끄덕였다. 그는 단 한 마디도 하지 않았다. 침대를 정확하게 정리하는 것이 칭찬까지 받을 일은 아니었다. 그건 당연히 해야 할 일이었다. 침대 정리는 그날 나에게 주어진 첫 번째 임무였고, 따라서 제대로 하는 것이 중요했다. 그 일은 임무에 임하는 나의 태도를 설명해 보였다. 침대 정리는 내가 일의 얼마나 세세한 부분까지 주의를 기울이고 있는지를 보여 주었고, 또한 그날 하루를 마무리할 즈음에는 내가 무언가를 잘 해냈다는 사실을 상기시켰다. 그 임무가 아무리 사소할지라도, 제대로 해냈다는 점에서 분명 자랑스러운 일이었다.

침대 정리는 내가 해군으로 복무하는 내내 단 하루도 거르지 않았다고 자부할 만큼 꾸준하게 반복된 일상이었다. 젊은 네이비실 소위로 특수 작전용 잠수함인 미 해군의 그레이백호에 승선했을 때, 나는 의무실에 배정되었다. 그곳에는 침대가 층층이 4층까지 쌓여 있었다. 의무실 책임자였던 깐깐한 성격의 나이 든 군의관은 내게 매일 아침마다 침대를 정리하라고 강조했다. 그는 자주 말했다. 침대도 정리되지 않은 지저분한 방에서 해병들이 어떻게 최선의 의료 서비스를 기대할 수 있겠는가? 나중에 알게 된 것처럼, 이러한 청결과 질서 의식은 군 생활 전반에 배어 있었다.

30년 뒤 뉴욕의 쌍둥이 빌딩이 무너졌다. 펜타곤이 공격을 받았고 펜실베이니아 상공의 비행기 안에서는 용감한 미국인들이 목숨을 잃었다.

테러가 일어났을 당시에 나는 낙하산 사고로 중상을 입어 집에서 건강을 회복하던 중이었다. 병원 침대를 관사로 옮겨 와 하루의 대부분을 그 위에 누워 지내면서 재활에 전념했다. 나는 무엇보다도 그 침대에서 벗어나고 싶은 마음이 간절했다. 다른 실 대원들처럼 동료들과 함께 전장을 누비고 싶었다.

마침내 다른 사람의 도움 없이 침대에서 혼자 일어날 수 있을 만큼 건강이 회복되었을 때 내가 제일 먼저 한 일은 침대 시트를 팽팽하게 당겨 펴고 베개를 정렬해서 병문안을 오는 사람들에게 보여도 창피하지 않을 정도로 만드는 것이었다. 내가 부상을 극복했고 포기하지 않았음을 알리기 위한 나만의 방식이었다.

9·11 테러가 발생한 지 4주도 지나지 않아 나는 백악관으로 전출되었고 새로 편성된 대테러 전쟁국에서 2년을 근무했다. 이후 2003년 10월에는 이라크의 바그다드 군용 비행장에 마련된 임시 본부에 있었다. 처음 몇 달 동안 우리는 야전 침대에서 잠을 잤다. 그럼에도 나는 매일 아침 일어날 때마다 침낭을 말아 개고 베개를 야전 침대의 머리맡에 둔 다음에야 하루 일과를 시작했다.

2003년 12월, 미군은 사담 후세인을 생포했다. 그의 신병을 책임지는 동안 우리는 그를 작은 방에 수감했다. 그 역시 야전 침대에서 잠을 잤지만, 시트와 담요를 사용하는 호사를 누렸다. 병사들이 그를 적절하게 보살피고 있는지 확인하기 위해서 나는 하루에 한 번씩 후세인을 방문했다. 나는 후세인이 침대를 정리하지 않는다는 사실을 알아차리고 이를 흥미롭게 지켜봤다. 담요는 늘 침대 끄트머리에 헝클어져 있었는데, 후세인은 좀처럼 담요를 똑바로 정리할 생각이 없어 보였다.

그 뒤로 10년 동안 나는 이 나라가 배출한 훌륭한 사람들과 함께 일하는 영광을 누렸다. 그중에는 육군 장군과 사병도 있었고 해군 제독과 이등병도 있었으며 대사와 서기도 있었다. 군사 활동 지원을 위해 세계 각지에 파견된 미국인들은 조국을 지키겠다는 일념으로 많은 것을 희생하면서 기꺼이 그 자리까지 온 사람들이다.

그들은 모두 삶이란 고난의 연속이며 때로는 그날 하루의 결과에 대해 자신이 할 수 있는 것이 아무것도 없다는 사실을 수긍했다. 병사들이 죽어 나가고 유가족들은 비탄에 빠져 있는 전쟁터에서 하루하루는 한없이 길고 불안한 순간들로 가득하다. 사람들은 위안이 될 만한 무언가를, 다시 하루를 시작할 동기를 부여해 주고 수시로 추잡한 면모를 드러내는 세상 속에서 자부심을 느낄 만 한 무언가를 찾는다. 전시에만 해당되는 얘기가 아니다. 일상을 살아가기 위해 우리에게는 삶의 체계를 잡아 주 는 구조의 감각이 필요하다. 그 무엇도 인간의 신념이 주는 힘과 위안을 대체할 수는 없지만, 때로는 침대를 정리하는 단순한 행위 하나가 하루를 시작할 수 있도록 우리를 일으켜 세워 주고, 하루를 제대로 끝냈다는 만족 감을 선사해 줄 수 있다.

　인생을 바꾸고 세상을 바꾸고 싶다면, 침대부터 정리 하라!

2

혼자서는
세상을 바꿀 수 없다

인생을 바꾸고

세상을 바꾸고 싶다면,

같이 노를 저어 줄 누군가를 찾아라.

나는 네이비실 훈련에서 일찌감치 팀워크의 가치를, 어려운 임무를 수행해 나가려면 다른 사람의 도움이 필요하다는 사실을 배웠다. 그리고 해군 프로그맨*이 되기를 희망하는 우리 같은 〈올챙이들〉에게 이 중요한 교훈을 가르치는 데는 3미터짜리 고무보트가 이용되었다.

　네이비실 훈련의 첫 단계에서 우리는 어디를 가든 이 고무보트와 같이 이동해야 했다. 막사에서 고속도로를 가로질러 식당까지 뛰어가면서는 고무보트를 머리에 이고 날랐고, 코로나도의 모래 언덕을 오르내리며 달릴 때는 지면에 끌릴 듯 낮은 위치에서 운반했다. 일곱 명의 조원은 북에서 남으로 해안을 따라 끊임없이 노를 저어 가며 철썩이는 파도를 뚫고 힘을 합쳐 고무보트를 최종 목적지까지 가지고 갔다.

* frogman. 수중폭파대UDT 대원의 별칭.

고무보트와 함께하는 동안 우리가 배운 교훈은 또 있었다. 이따금 동료들 가운데 한 명이 아프거나 다쳐서 100퍼센트 힘을 발휘하지 못하는 경우가 생겼다. 나 자신부터 훈련 중에 종종 지쳐 나가떨어지거나 감기나 독감으로 힘을 내지 못할 때가 있었다. 그럴 때마다, 조원들은 내 몫의 힘까지 내려고 분발했다. 그들은 노를 더 세게 저었고 물 속 더 깊이 찔러 넣었다. 기운을 내라며 그들 몫의 식량을 내게 건넸다. 나는 나중에 기회가 생길 때마다 내가 받았던 호의를 되돌려 주었다. 그 작은 고무보트를 통해 우리는 혼자 힘만으로 훈련을 끝까지 해낼 수 있는 사람은 아무도 없다는 사실을 깨달았다. 어떤 실 대원도 혼자 힘만으로는 전쟁을 치를 수 없었고, 나아가 우리에게는 삶의 역경을 헤쳐 나가도록 도와줄 사람들이 필요했다.

*

그로부터 25년 뒤 미국 서부 해안에 복무하는 모든 실 대원을 지휘하는 자리에 올랐을 때, 나는 이와 같은 도움의 필요성을 그 어느 때보다 절실히 깨달았다.

나는 코로나도에서 제1해군 특수전단 사령관을 맡고 있었다. 이제는 해군 대령이었고 지난 수십 년 동안 세계 곳곳에서 실 대원들을 지휘한 경험이 있었다. 문제의 끔찍한 사고가 발생했을 때 나는 일상적인 낙하산 강하 훈련을 위해 나와 있었다.

강하 준비를 마친 우리는 C-130 허큘리스 수송기에 몸을 싣고 고도 3,600미터를 향해 날아올랐다. 수송기 뒤편으로 늘 그렇듯 아름다운 캘리포니아의 전경이 눈에 들어왔다. 하늘에는 구름 한 점 없었다. 태평양은 잔잔했으며 고도가 올라가면서 불과 몇 킬로미터 떨어진 멕시코 국경이 보였다.

강하 조장이 〈스탠바이〉를 외쳤다. 램프 끝으로 다가서자 시야가 탁 트여 지상이 내려다보였다. 강하 조장이 나와 눈을 맞추고 미소 지으며 외쳤다. 「강하! 강하! 강하!」 나는 수송기에서 뛰어 내리자마자 곧바로 양팔을 활짝 벌리며 다리를 등 뒤로 살짝 굽혔다. 비행기 프로펠러에서 생성되는 강한 기류 때문에 몸이 전방으로 기울었지만 팔에 가해지는 공기 저항을 이용해서 이내 수평을 잡았다.

나는 재빨리 고도계를 확인한 다음 몸이 돌지 않도록

신경 쓰면서 혹시라도 나와 너무 가까이 있는 대원은 없는지 주변을 확인했다. 20초 뒤 고도 1,700미터 지점까지 내려갔다.

문득 아래를 내려다보니 내가 하강하는 경로에 다른 강하 대원이 내려가고 있었다. 그는 낙하산을 펴기 위해 줄을 당겼고 배낭에서 주 낙하산과 연결된 보조 낙하산이 펼쳐지는 것이 보였다. 부풀어 오르는 낙하산을 피하기 위해 나는 즉시 양팔을 가슴으로 모아 머리가 지면을 향하도록 했다. 하지만 너무 늦었다.

내 아래 있는 강하 대원의 낙하산이 마치 에어백이 터지듯 내 앞에서 활짝 펼쳐졌고 나와 시속 200킬로미터의 속도로 충돌했다. 주 낙하산과 충돌한 나는 속절없이 튕겨져 나갔고 통제력을 잃은 채 공중제비를 돌았다. 충격 때문에 온전한 정신을 유지하기가 힘들었다. 공중제비를 도는 몇 초 동안 자세를 바로잡으려고 안간힘을 썼다. 고도계를 확인할 수 없는 상황에서 내가 얼마나 떨어졌는지 도무지 감을 잡을 수 없었다.

나는 본능적으로 낙하산 펼침줄을 찾아 잡아당겼다. 곧바로 주 낙하산 뒤에 매달린 작은 가방에서 보조 낙하산이 펼쳐졌다. 하지만 추락 과정에서 내가 계속 공중제비를 돌고 있었기 때문에 낙하산 줄이 다리에 엉키고 말았다. 엉킨 줄을 풀려고 사투를 벌이는 사이 상황은 더욱 나빠졌다. 주 낙하산의 일부가 사출되었지만 그 와중에 다른 쪽 다리까지 낙하산 줄에 휘감겼다.

목을 길게 빼서 하늘을 바라보자 양쪽 다리가 각각의 낙하산 줄에, 주 낙하산과 등 뒤의 멜빵을 연결하는 긴 나일론 줄에 엉켜 있었다. 낙하산 줄 하나에 다리 한쪽씩이었다. 주 낙하산은 배낭에서 완전히 사출된 상태였지만 몸 어딘가에 걸려 있었다.

뒤엉킨 줄을 풀려고 한창 애쓰고 있을 때, 돌연 내 몸에서 낙하산 몸체가 떨어져 나와 금방이라도 펼쳐질 것 같은 느낌이 들었다. 두 다리로 시선을 돌렸을 때 나는 그다음에 무슨 일이 벌어질지 직감했다.

몇 초 뒤 낙하산 몸체가 활짝 펼쳐졌다. 그러자 양쪽 다리에 하나씩 엉켜 있던 두 가닥의 낙하산 줄이 갑자기 엄청난 힘으로 양쪽 다리를 잡아챘다. 낙하산이 펼쳐지는 반동으로 하반신이 찢어지면서 그 즉시 골반뼈가 골절되었다. 골반과 몸통을 연결하는 천여 개의 작은 말초 근육도 터져 나갔다.

나는 저절로 입이 딱 벌어졌고 멕시코까지 들릴 정도

로 비명을 질렀다. 골반에서 머리까지 타는 듯한 통증이 온몸을 관통했다. 상반신에서 격렬한 근육 경련이 일어나면서 팔과 다리의 통증이 더욱 심해졌다. 마치 유체 이탈을 한 사람처럼 어느 순간부터 내가 비명을 내지르고 있다는 사실을 인지하고 자제해 보려고 했지만 그러기에는 고통이 너무 강렬했다.

머리는 아직 아래를 향해 있었고 떨어지는 속도 역시 지나치게 빨랐지만 나는 낙하산 멜빵을 맨 채로 몸을 뒤집어서 바로 세우는 데 성공했고 골반과 등에 가해지던 압력도 어느 정도 해소되었다.

450미터.

낙하산이 펼쳐지기 전에 1,200미터 넘게 추락한 것이다. 다행히 내 머리 위로는 낙하산이 활짝 펼쳐져 있었지만, 불행히도 낙하산이 펼쳐질 때의 충격으로 내 몸은 만신창이가 되어 있었다.

나는 정해진 낙하지점에서 3킬로미터 넘게 벗어나 착지했다. 몇 분 뒤 지상 근무 요원들과 구급차가 도착했고 나는 샌디에이고 시내의 외상 전문 병원으로 이송되었다. 수술은 이튿날이 되어서야 끝이 났다. 그 사고로 내 골반뼈는 12센티미터 가까이 갈라졌다. 낙하산이 펼쳐질 때의 충격으로 복부 근육이 골반에서 이탈했고 허리와 다리 근육도 심각한 손상을 입었다. 골반에 커다란 티타늄 판이 나사로 고정되었고 엉덩이에도 긴 고정용 나사가 삽입되었다.

군인으로서 나의 경력은 이렇게 끝나는 듯했다. 유능한 네이비실 대원이 되려면 그에 걸맞은 몸이 필요했다. 하지만 재활은 몇 개월 아니 몇 년이 걸릴 지 알 수 없었고, 해군은 내가 임무를 수행하기에 적합한 몸 상태인지 판정하기 위해 의무(醫務) 평가를 해야만 했다. 나는 7일 뒤에 퇴원했지만 그 뒤로도 두 달 동안 집에서 침대에 누워 지냈다.

나는 평생 동안 그 무엇도 나를 무너뜨릴 순 없다는 자신감을 가지고 살아왔다. 타고난 운동 능력 덕분에 어떠한 위험 상황에서도 내 몸 하나는 건사할 수 있다고 자부했다. 그리고 이번 사고를 당하기 전까지 그런 생각은 틀리지 않았다. 그동안 군인으로 살면서 나는 목숨을 위협하는 무수히 많은 사고와 직면했다. 예전에도 낙하산을 타고 강하하던 도중에 공중에서 충돌한 적이 있었고, 내가 승선한 소형 잠수함이 고장으로 침몰한 적이 있었다. 수십 미터 높이의 석유 굴착 장치에서 떨어질

뻔하기도 했다. 침몰하는 보트 밑에 갇히기도 했고, 폭탄이 정해진 시간보다 빨리 폭발하는 사고도 있었다. 이외에도 생사의 기로에서 한순간에 운명이 갈린 수많은 사건들이 있었다. 그때마다 나는 어떻게든 옳은 결정을 내렸고 매번 적절한 신체 능력을 발휘해서 당면한 위기를 극복했다. 하지만 이번은 아니었다.

이번에는 침대에 누워 자기 연민에 빠져 있을 뿐이었다. 하지만 그 기간이 마냥 늘어지지는 않았다. 아내 조지안은 내내 나의 병수발을 도맡았다. 상처를 소독했고, 매일 주사를 놓았으며, 환자용 변기를 갈았다. 무엇보다도, 그녀는 내가 어떤 사람인지를 상기시켜 주었다. 나는 평생 어떤 일이든 포기한 적이 없었다. 아내는 내가 이제 와서 포기 같은 걸 할 남자가 아니라고 확신을 심어 주었다. 내가 자기 연민에 빠지도록 내버려 두지도 않았다. 아내는 그 순간에 내게 가장 필요한 엄한 사랑을 보여 주었고 시간이 지나면서 나는 점점 좋아졌다.

지인들이 집을 찾아와 문병했고, 전화로 자주 안부를 물었다. 할 수 있는 일을 찾아 무슨 일이든 나서서 도와주었다. 직속상관인 에릭 올슨 제독은 내가 실 대원으로서 계속 복무할 능력이 있는지 확인하기 위한 해군의 의무 평가 규정을 우회할 방법을 찾아 주었다. 그의 도움이 없었더라면 내 군 경력은 이때 끝나고 말았을 것이다.

나는 실 부대의 일원으로 복무하면서 수많은 좌절을 겪었고, 그때마다 매번 누군가가 나타나 나를 도와주었다. 어떤 이는 나의 능력을 믿어 주었다. 어떤 이는 내게서 다른 사람에게는 없는 잠재력을 보았다. 어떤 이는 나를 밀어주기 위해서 자신의 이름을 걸었다. 나는 한순간도 그들을 잊은 적이 없었다. 내가 지금까지 살아오면서 이룬 모든 성취가 매 순간 옆에서 나를 도와준 그들 덕분이라는 사실을 잘 알고 있다.

사노라면 누구나 비극적인 순간을 맞닥뜨릴 수밖에 없다. 실 기초 군사 훈련에서 훈련병들이 늘 가지고 다니던 작은 고무보트처럼, 인생의 목적지에 다다르려면 누구나 같이 노를 저어 줄 한 팀의 선량한 사람들이 필요하다. 혼자서는 보트를 저어 나갈 수 없다. 인생의 고락을 같이할 사람을 찾아라. 가능한 한 많은 친구를 사귀고 나의 성공이 주변의 다른 사람들에게 달려 있음을 절대로 잊지 말라.

3

오직 심장의 크기만이
중요하다

인생을 바꾸고

세상을 바꾸고 싶다면,

심장의 크기로 사람을 판단하라.

오른팔 아래 겨드랑이에는 검정 물갈퀴를 끼우고 왼손에는 물안경을 든 채 해변을 향해 달렸다. 부드러운 모래밭 위에 두 개의 물갈퀴를 서로 기대어 세워 놓은 다음 나는 열중쉬어 자세를 취했다. 좌우로 다른 훈련병들도 같은 자세로 나란히 섰다. 녹색 티셔츠와 카키색 수영 팬츠, 네오프렌 고무 부츠, 작은 구명조끼를 착용하고 매일 아침 실시되는 3킬로미터 수영을 준비하는 중이었다.

구명조끼는 손잡이를 잡아당겨야만 부풀어 오르는 고무 재질의 작은 주머니였는데, 훈련병들은 구명조끼를 사용하게 되는 상황을 수치스럽게 여겼다. 하지만 수영 훈련을 실시하기 전에 교관들은 모든 훈련병의 구명조끼를 검사할 의무가 있었다. 이 검사는 교관들이 훈련병들을 괴롭힐 또 하나의 기회이기도 했다.

그날 코로나도섬 주변은 파고가 2.5미터에 달했다. 세 겹의 거친 파도가 으르렁거리는 소리를 내며 해변으로 연신 밀려와 부서졌고, 그 소리에 훈련병들의 심장 박동도 덩달아 빨라졌다. 훈련병들을 천천히 훑고 지나가던 교관이 대뜸 내 오른쪽에 서 있던 남자에게 다가왔다. 해군에 갓 입대한 이등병이었는데 키가 165센티미터도 안 되어 보였다. 그 앞에 선 베트남전 참전 용사 출신 교관은 키가 190센티미터는 족히 넘어 보여, 그 왜소한 남자를 더욱 작아 보이게 했다.

그 키 작은 훈련병의 구명조끼를 검사한 후, 교관은 그의 왼쪽 어깨 너머로 철썩이는 파도를 힐긋 바라보더니 아래로 손을 뻗어 그의 물갈퀴를 주워 들었다. 그가 어린 해병의 얼굴에 물갈퀴를 들이대며 나직하게 말했다. 「정말로 프로그맨이 되고 싶은가?」

해병이 몸을 곧추 세우며 반항기 가득한 눈빛으로 힘차게 외쳤다. 「네, 교관님, 그렇습니다!」

「자네는 너무 작고 왜소하다.」 교관이 그의 면전에서 물갈퀴를 흔들어 대며 말했다. 「저기 보이는 파도가 자네를 반토막낼 수도 있다는 말이다.」 그가 잠시 말을 멈추고 바다를 바라보았다. 「다치기 전에 그만두는 문제를 생각해 보도록.」

걸눈질하는 내게 훈련병이 이를 악다무는 것이 보였다.

훈련병이 또박또박 힘주어 말했다. 「그만두지 않겠습니다!」 그러자 교관이 몸을 더욱 바짝 들이대며 그의 귓가에 대고 뭐라고 속삭였다. 부서지는 파도 소리에 묻혀 뭐라고 하는지 알아들을 수가 없었다.

검사를 모두 마친 후 교관은 입수 명령을 내렸고, 우리는 바다를 헤엄치기 시작했다. 한 시간 뒤 내가 부서지는 파도를 헤치고 기어 나왔을 때, 해변에 그 젊은 해군 신병이 서 있는 모습이 보였다. 그는 우리 동기 가운데 거의 선두권으로 수영을 마친 터였다. 그날 오후에 나는 그의 곁으로 다가가 교관이 뭐라 하더냐고 물었다. 싱긋 웃어 보이며 그는 자랑스러운 듯이 말했다. 「내가 틀렸다는 걸 증명해 봐!」

네이비실 훈련은 늘 무언가를 증명하는 것이었다. 체격이 중요하지 않다는 것을 증명하고, 피부색이 중요하지 않다는 것을 증명하고, 돈이 우리를 행복하게 만들지 않는다는 것을 증명하고, 재능보다는 언제나 의지와 기개가 더 중요하다는 것을 증명하는 것이었다. 운 좋게도, 나는 실 훈련이 시작되기 일 년 전에 이미 그 같은 교훈을 배웠다.

*

샌디에이고 시내에서 버스에 오르면서 나는 샌디에이고 만 건너편 코로나도섬에 있는 실 기초 군사 훈련 시설을 방문한다는 사실에 한껏 들떠 있었다. 아직 고급 장교 후보생일 때였고 해군 학군단ROTC 교육 과정 중 하나인 하계 항해 프로그램에 참가할 때였다. 이번 여름 방학이 끝나면 나는 졸업반이 될 테고 고급 장교 후보생으로서 모든 것이 순조롭게 진행된다면 아마도 내년 여름에는 소위로 임관해 실 훈련을 받게 될 터였다. 때는 한 주의 중간이었고 담당 ROTC 교관에게 항구에서 군함 중 한 척에 승선해서 예정된 훈련을 받는 대신 코로나도를 방문해도 좋다는 허락을 받은 참이었다.

그 유명한 호텔 델 코로나도 근처에 내려서 해군 기지가 있는 해변을 향해 1.5킬로미터 정도를 걸어갔다. 수중폭파대 11팀과 12팀이 주둔하고 있는 한국 전쟁 당시 지은 건물들 앞을 지나갈 때였다. 단층짜리 벽돌 건물 앞에 커다란 목재 표지판 하나가 서 있는 게 보였다. 입에는 시가를 물고 손에는 다이너마이트를 들고 있는 커다란 물갈퀴 발을 가진 녹색 양서류가 그려져 있었다. 개구리 프레디였다. 여기가 바로 물안경과 물갈퀴로 무장한 용감무쌍한 전사들, 서부 해안 프로그맨들의 고향이었다. 이오지마와 타라와, 괌, 인천의 해변을 휩쓸었던 전사들이 바로 그들의 선배였다. 심장 박동이 빨라지기 시작했다. 정확히 여기가 내가 1년 뒤에 있고 싶은 곳이었다.

수중폭파대 건물을 지나자 네이비실 1팀이 주둔하는 건물이 나왔다. 밀림전에 특화된 신생팀으로 출발한 네이비실 1팀은 베트남전을 통해 세계에서 가장 강한 군인들이라는 명성을 얻었다. 이곳의 표지판에는 한 손에 단검을 들고 어깨에 검은색 망토를 두른 물개 새미가 그려져 있었다. 나중에 알게 된 것처럼, 수중폭파대 대원과 실 대원은 다르지 않았다. 모든 대원이 실 훈련을 받았고, 프로그맨이라는 자부심을 가슴속에 품고 살았다.

이윽고 나는 해군 기지가 있는 해변의 제일 끝에 위치한 기지 청사로 다가갔다. 건물 정면에는 〈실 기초 수중폭파 훈련〉이라고 적혀 있었다. 주 출입문 바깥쪽에는 두 명의 실 교관이 고등학교 시 카뎃* 생도들에게 둘러싸여 있었다. 고등학생들 사이에서 두 실 대원은 도드라져 보였다. 키가 190센티미터가 넘는 딕 레이 상사는 떡 벌어진 어깨와 날씬한 허리, 검게 그을린 피부에 얇고 검은 콧수염을 기르고 있었다. 그는 내가 상상해 온 실 대원의 전형이었다. 그 옆에는 진 웬스 중사가 서 있었다. 185센티미터 정도의 키에 미식축구 수비수 같은 다부진 몸매와 특히 커다란 이두박근이 인상적이었고 선뜻 다가가기 어려울 정도로 날카로운 눈매를 가지고 있었다.

교관의 통솔을 받으며 고등학교 시 카뎃 생도들이 건물 안으로 들어갔다. 약간 긴장된 마음으로 나는 그들 뒤를 따라 들어가 안내 데스크 앞에 멈춰 섰다. 데스크를 지키는 젊은 해병에게 찾아온 이유를 밝혔다. 텍사스 대학에 다니는 장교 후보생이며 실 훈련에 관해 상담을 받고 싶다고 했다. 해병은 곧장 어딘가로 사라졌다가 이내 돌아왔고 초급 담당 장교인 딕 후스 중위가 잠시 후에 시간을 내줄 거라고 알려 주었다.

나는 후스 중위가 자신의 방에서 호출하기를 기다리는 동안 천천히 로비를 거닐면서 벽에 걸린 사진들을 구

* sea cadet. 해군 산하 학생 군인 프로그램.

40

경했다. 베트남전에 참전한 실 대원들의 사진이었다. 실 대원들이 메콩강 삼각주를 따라 허리까지 빠지는 진창을 헤쳐 나오고 있는 장면과 위장 크림을 바른 소대원들이 야간 임무를 마치고 복귀하는 장면, 자동 화기와 탄약대로 완전 무장한 채 쾌속선을 타고 정글로 향하는 장면 등이 보였다.

복도 안쪽에 사진을 구경하고 있는 또 다른 남자가 있었다. 차림새로 보아 민간인으로 보이는 그 남자는 허약해 보일 만큼 마른 체형이었고, 귀를 덮은 부스스한 검은 더벅머리는 비틀스를 떠올리게 했다. 그는 사진 속에 묘사된 전사들의 모습을 믿기지 않는다는 듯 경외의 눈길로 바라보고 있었다. 나는 그가 혹시 자신도 네이비실이 될 자질을 가졌다고 생각하는 것일까 하고 내심 궁금해졌다. 사진으로 보면서도 설마 진짜로 자신이 훈련을 이겨 낼 만큼 충분히 강인하다고 생각할까? 저처럼 왜소한 몸집으로 무거운 배낭과 1천 발의 실탄을 들고 다닐 수 있다고 생각하는 걸까? 방금 전 정문에 있던 두 명의 실 교관들을 보기는 한 걸까? 자질을 가졌다는 것이 어떤 것인지 확실하게 보여 준 그들 두 사람을 보지 못한 걸까? 누군가가 이 친구를 잘못된 길로 인도했다는 사실에, 어쩌면 그를 부추겨서 민간인의 안락한 삶을 포기한 채 실 훈련에 도전하도록 만들었을 거라는 사실에 안쓰러운 생각마저 들었다.

잠시 후 안내 데스크를 지키던 해병이 조용히 복도를 걸어와 나를 후스 중위의 사무실로 안내했다. 후스 중위는 네이비실의 신병 모집 담당관이기도 했다. 장신에 단단한 근육과 갈색 곱슬머리를 가진 사람이었는데 카키색 해군 군복 차림이 잘 어울렸다.

나는 책상을 사이에 두고 후스 중위와 마주 앉아 실 훈련 과정과 실 훈련을 이수하기 위해 요구되는 사항들에 대해 이야기를 나누었다. 후스 중위는 자신이 베트남에서 겪었던 일들과 훈련이 끝나면 실 대원으로서 어떠한 삶을 살게 되는지 등에 대해서 이야기해 주었다. 살짝 곁눈질로 민간인 복장의 그 마른 남자를 보았는데, 그는 여전히 벽에 걸린 사진들을 뚫어져라 바라보고 있었다. 나처럼 실 훈련에 관해 보다 많은 이야기를 듣고 싶다는 바람을 가지고 후스 중위를 기다리고 있는 것이 분명했다. 문득 뿌듯한 감정이 밀려들었다. 실 대원이 되기 위해 거쳐야 하는 혹독한 훈련을 이겨 낼 수 있다고 생각하고 있는 다른 남자보다 내가 의심할 여지없이 더 강하고 더 준비되어 있다는 사실을 알게 되었기 때문이다.

대화를 한창 하던 중에 후스 중위가 갑자기 말을 멈추더니 책상에서 고개를 들어 복도에 있던 그 남자를 큰 소리로 불렀다. 중위가 마른 남자에게 들어오라고 말했고 나는 자리에서 일어났다.

「빌, 토미 노리스를 소개하지.」후스 중위가 마른 남자를 힘차게 껴안으며 말했다. 그러고는 〈토미는 베트남전의 마지막 실 명예 훈장 수상자라네〉라고 덧붙였다. 토미 노리스가 후스 중위의 소개에 약간 멋쩍은 미소를 지어 보였다. 나도 미소를 지어 보이며 그와 악수를 나누었지만 속으로는 나 자신을 비웃지 않을 수 없었다. 훈련을 무사히 마칠 수 있을지조차 의심스러운 이 허약해 보이는 더벅머리 남자는 토미 노리스 중위였다. 베트남 전쟁에 참전한 토미 노리스는 며칠 밤에 걸쳐 적진 깊숙이 침투해서 추락한 두 명의 조종사를 구출해 냈다. 다른 작전에서는 북베트남군이 쏜 총에 얼굴을 맞고 전사자로 간주된 채 낙오되었다가 마이크 손턴 하사에게 겨우 구출되기도 했다. 손턴 하사는 이 일로 나중에 명예 훈장을 수상했다. 토미 노리스는 이런 사람이었다. 부상에서 회복한 노리스 중위는 다시 전장으로 돌아갔고 나중에는 FBI 산하의 인질구조 1팀에 합류했다. 이 차분하고 과묵하며 겸손한 남자가 오랜 실 역사상 가장 강인한 대원 중 한 명이었던 것이다.

토미 노리스는 1969년에 실 기초 군사 훈련을 받다가 강제 퇴소를 당할 뻔했다. 사람들은 그가 너무 작고 너무 왜소하며 충분히 강하지 않다고 말했다. 하지만 앞서 말한 어린 해병 동기와 마찬가지로 노리스는 그들 모두가 틀렸음을 증명했고, 중요한 것은 물갈퀴의 크기가 아니라 심장의 크기라는 사실을 다시 한번 입증했다.

4

삶 자체가
공평하지 않다

인생을 바꾸고

세상을 바꾸고 싶다면,

운명을 탓하지 말고

앞으로 계속 나아가라.

나는 모래 언덕의 정상까지 달려 올라갔다가 주저 없이 반대쪽 내리막으로 내달려 태평양을 향해 전속력으로 질주했다. 녹색 군복과 챙이 짧은 군모, 전투화까지 다 차려 입은 채로 나는 캘리포니아 코로나도 해변을 연신 두들겨 대는 파도 속으로 곧바로 뛰어들었다.

온몸을 흠뻑 적시고 나서 물 밖으로 나오자 모래 언덕에 버티고 선 실 교관이 보였다. 팔짱을 낀 그가 아침노을 속에서 날카롭게 눈을 빛내며 외치는 소리가 들렸다.「맥 훈련병, 이제 어떻게 해야 하는지 알지!」

당연히 안다.

나는 열정을 쥐어짜서 최대한 큰 소리로 〈후야〉 하고 외친 다음 부드러운 백사장에 그대로 엎어져서 모래가 군복 구석구석에 확실하게 들러붙도록 모로 뒹굴었다. 여기에 더해서 몸에 있는 촘촘한 틈새까지 모래가 스며들 수 있도록 벌떡 일어나 앉아 모래를 한 움큼 퍼서 공중에 흩뿌렸다.

아침 맨몸 운동을 하던 중 나는 어느 순간에 〈실 훈련 규칙을 위반했다〉. 벌칙은 바다에 뛰어들었다가 모래밭을 뒹굴어서 나 자신을 〈설탕 쿠키〉로 만드는 것이었다.

실 훈련을 통틀어 설탕 쿠키가 되는 것보다 더 불쾌한 경험은 단연코 없었다. 더 고통스럽고 더 지치게 하는 다른 훈련도 많았지만 설탕 쿠키가 된다는 것은 그 사람의 인내심과 결심을 시험에 들게 만들었다. 그날 하루를 목과 겨드랑이, 사타구니 등에 모래가 지근거리는 상태로 지내야 했기 때문만이 아니었다. 벌칙을 받는 이유가 완전히 무차별적이었기 때문이다. 어떤 주기나 이유도 없었다. 우리는 교관의 변덕에 따라 영문도 모른 채 설탕 쿠키가 되었다.

대다수 실 훈련병에게 이는 받아들이기 어려운 문제였다. 진정한 최고가 되기 위해 노력하고 있는 만큼 훈련병들은 자신이 훌륭한 성취를 보였을 때는 그에 걸맞은 보상이 주어지기를 기대했다. 때로는 보상이 주어지기도 했지만, 그렇지 않은 경우도 많았다. 때로는 갖은 노력에도 불구하고 젖은 몸뚱이와 모래만 남을 때도 있었다.

모래를 충분히 뒤집어썼다고 생각된 나는 교관에게 달려가 재차 〈후야〉를 외치고 차려 자세를 취했다. 필립 L. 마틴 중위가 나를 내려다보며 자신의 훌륭한 설탕 쿠키 기준을 만족시켰는지 확인했다. 마틴 중위는 친구들 사이에서 모키라는 이름으로 불렸지만, 우리는 아직 그런 사이가 아니었다.

모키 마틴은 전형적인 프로그맨이었다. 하와이에서 나고 자란 그는 내가 실 장교로서 가지고자 하는 모든 것을 가진 인물이었다. 경험 많은 베트남전 참전 용사인 그는 실에서 사용되는 모든 무기를 아주 잘 다루었다. 또한 실 전체를 통틀어 가장 뛰어난 스카이다이버 중 한 명이었고 워낙에 물에 익숙한 하와이 토박이인지라 물에서도 그와 대적할 사람이 거의 없었다.

「맥 훈련생, 자네가 오늘 아침 설탕 쿠키가 된 이유를 아는가?」 마틴 중위는 나직한 어조로 말했지만, 분명 내게 대답을 요구하고 있었다.

「모릅니다, 마틴 교관님.」 나는 의무적으로 대답했다.

「삶 자체가 공평하지 않기 때문이다. 그 점을 얼른 깨달을수록 사는 것이 조금은 더 수월해질 것이다.」

*

　일 년 뒤에 마틴 중위와 나는 서로 이름을 부르는 사이가 되었다. 내가 실 기초 군사 훈련을 끝마친 뒤였고 그가 실 훈련소에서 코로나도의 수중폭파대 11팀으로 전출된 다음이었다.

　모키를 더 많이 알게 될수록 그를 존경하는 마음은 더욱 커졌다. 모키는 최고의 실 대원이었을 뿐 아니라 놀라운 운동 능력의 소유자였다. 1980년대 초에 그는 철인 3종 경기 열풍을 선도했다. 먼바다에서 멋진 자유형을 선보이고 튼튼한 종아리와 허벅지로 먼 거리를 힘든 기색도 없이 달렸다. 그러나 그의 진정한 장기는 자전거였다. 모키와 자전거는 천생연분이었다.

　모키는 아침마다 자전거에 올라타 45킬로미터에 이르는 코로나도 실버스트랜드 해변을 오르내리며 달리는 걸 즐겼다. 코로나도에는 태평양과 나란히 뻗은 편평한 자전거 전용 도로가 있었다. 코로나도 시내에서 임페리얼 비치까지 이어진 도로였는데 한쪽에는 바다, 다른 한쪽에는 샌디에이고 만이 펼쳐진 캘리포니아에서 가장 아름다운 명소 중 하나였다.

어느 토요일 이른 아침, 모키는 여느 때와 다름없이 실버스트랜드 해변에서 자전거를 타고 훈련 중이었다. 고개를 숙인 채 빠르게 페달을 밟고 있었기 때문에 그는 마주 오는 자전거를 미처 발견하지 못했다. 약 시속 40킬로미터의 속도로 두 대의 자전거가 정면충돌했다. 그 충격으로 자전거는 박살이 났고 두 명의 자전거 주인은 서로 세게 충돌한 다음 그대로 아스팔트 길 위에 널브러졌다. 나가떨어진 자전거 주인 중 한 명이 가까스로 일어나 흙을 털었다. 약간의 부상을 입기는 했지만 그래도 괜찮은 편이었다.

모키는 아무런 미동도 없이 길바닥에 계속 엎어져 있었다. 얼마 뒤 구급 요원들이 도착해서 모키의 상태를 안정시킨 다음 병원으로 이송했다. 처음에는 마비가 일시적인 현상일 거라는 희망이 있었지만 며칠이 몇 달이 되고 다시 몇 년이 되었음에도 모키는 두 번 다시 다리를 쓰지 못했다. 자전거 사고로 하반신은 완전히 마비되었고 두 손도 마음먹은 대로 움직일 수 없는 처지가 되었다.

지난 35년 동안 모키는 휠체어 신세를 졌다. 그 긴 세월 동안 나는 그에게서 자기 인생에 닥친 불운을 탓하는 소리를 한 번도 들은 적이 없었다. 그는 절대로 〈왜 하필 나지?〉라고 묻지 않았다. 단 한 줌의 자기 연민도 보이지 않았다.

모키는 사고 이후에 기량이 뛰어난 화가가 되었다. 사랑스러운 어린 소녀의 아버지가 되었다. 그는 매년 코로나도에서 개최되는 슈퍼 프로그 철인 3종 경기 대회를 설립했으며 계속 대회를 운영해 나가고 있다.

어떤 외부의 힘에 직면해서 우리는 운명을 탓하기 쉽다. 운명이 거부한다는 핑계로 아예 시도조차 하지 않는 경우도 많다. 내가 어떤 환경에서 자랐고, 부모님이 나를 어떻게 키웠으며, 내가 어떤 학교에 다녔는지가 나의 미래를 결정한다고 생각하기 쉽다. 하지만 진실을 마냥 외면할 수는 없다. 평범한 사람과 위대한 사람이란 모두 삶의 불공평함에 대처하는 그 사람의 태도에 의해 결정된다. 헬렌 켈러와 넬슨 만델라, 스티븐 호킹, 말랄라 유사프자이가 그랬다. 모키 마틴도 마찬가지였다.

아무리 열심히 노력하고 잘했더라도 설탕 쿠키 신세를 면치 못할 때가 있다. 그렇더라도 불평하지 말라. 자신의 불운을 원망하지 말라. 당당하게 일어나서 미래를 보고 계속 나아가라!

5

실패는 우리를
더 강하게 만든다

인생을 바꾸고

세상을 바꾸고 싶다면,

실패를 두려워하지 말라.

코로나도섬 주변의 바다는 파도가 거칠었다. 우리는 횡영을 펼치면서 해변으로 복귀하는 중이었고 하얀 포말이 연신 얼굴을 때리고 있었다. 여느 때와 마찬가지로 내 수영 단짝과 나는 다른 실 훈련 동기생들을 따라잡기 위해서 안간힘을 쓰고 있었다. 구명보트에 탄 교관들이 속도를 높이라고 우리를 닦달했지만 왠지 우리가 힘을 낼수록 거리는 점점 더 벌어지는 듯했다.

그날 내 수영 단짝은 마크 토머스 소위였다. 마크도 나처럼 학군단 출신 장교였다. 버지니아 주립 사관학교 졸업생으로 우리 동기생들 가운데 가장 뛰어난 장거리 달리기 선수 중 한 명이었다.

실 기초 군사 훈련에서 수영 단짝이란 가장 믿고 의지할 수 있는 사람이었다. 수중 잠수를 할 때 물리적으로 나와 연결되는 사람이었고 장거리 수영에서 함께 짝을 이루는 사람이었다. 수영 단짝은 함께 공부하고 서로에게 자극을 주기도 하면서 훈련 기간 동안 가장 가까운 협력자가 되었다. 일단 수영 단짝으로 묶인 다음에는 한 사람이 임무에 실패할 경우 두 사람이 공동으로 책임을 졌다. 교관들이 팀워크의 중요성을 강조하기 위해 고안해 낸 방법이었다.

마침내 수영을 끝내고 물가에서 벗어나자 실 교관이 우리를 기다리고 있었다.

「엎드려!」 교관이 고함을 질렀다. 양팔을 곧게 뻗어 땅을 짚은 채 허리를 꼿꼿이 펴고 고개를 쳐들어서 팔 굽혀 펴기 자세를 취하라는 지시였다.

「두 사람은 스스로 생각하기에 장교가 될 자격이 있다고 생각하나?」 굳이 대답이 필요 없는 질문이었다. 무슨 대답을 하든지 질책이 계속될 거라는 사실을 우리 두 사람은 잘 알고 있었다. 「실 부대에서 장교란 앞장서는 사람이다. 그들은 절대로 수영에서 맨 마지막에 들어오지 않는다. 동기들을 곤혹스럽게 만들지도 않는다.」

교관이 우리 주위를 맴돌면서 모래를 발로 차서 우리 얼굴로 튀겨 보냈다.

「나는 두 사람이 이 훈련을 통과하지 못할 거라고 생

각한다. 실 장교가 될 자질이 없다고 생각한다.」

그가 뒷주머니에서 작은 검은색 수첩을 꺼냈고 우리를 혐오스럽게 쳐다보면서 무언가를 적었다.「두 사람은 방금 서커스 명단에 올랐다.」그는 고개를 절레절레 흔들었다.「한 주라도 더 버틴다면 운이 좋은 것이다.」

서커스. 그것은 마크나 나나 정말 피하고 싶은 최악의 것이었다. 서커스는 훈련이 끝난 매일 오후에 실시되었다. 과외로 진행되는 두 시간짜리 맨몸 운동이었으며 강한 군인들만 훈련에서 살아남길 바라는 백전노장 교관들의 줄기찬 괴롭힘이 덤으로 주어졌다. 맨몸 운동과 장애물 훈련, 제한 시간 내 달리기, 수영 등 그날 실시하는 훈련에서 기준에 들지 못하면 명단에 올랐고 교관들 기준에서 일단 이름이 올라간 훈련병은 이미 실패자나 다름없었다.

훈련병들 사이에서 서커스가 그토록 공포의 대상이 된 이유는 단순히 고생이 연장되었기 때문만이 아니었다. 과외 훈련의 여파로 다음 날까지 피로가 누적되고 그 결과 또다시 기준에 미달하게 될 거라는 사실을 알았기 때문이다. 그럼 또 다른 서커스를 받게 될 테고 계속해서 악순환이 반복될 터였다. 서커스는 죽음의 굴레였고 수많은 훈련병을 중도에 포기하게 만든 실패의 굴레였다.

훈련병들이 하루를 마무리하는 시간에 마크와 나는 다른 몇몇 훈련병들과 함께 연병장에 집합해서 우리만의 긴 맨몸 운동을 시작했다.

교관들은 수영에서 꼴찌를 한 우리를 위해 우리 두 사람에게 특화된 그날의 서커스를 실시했다. 플러터 킥이었다. 플러터 킥이 수없이 반복되었다. 자유형 발차기 동작에서 따온 플러터 킥은 복부와 허벅지 근육을 강화하기 위해 고안된 운동이기 때문에 바다에서 장거리 수영을 하는 데 도움이 되었다. 물론 훈련병들을 육체적, 정신적 한계까지 몰아붙이려는 의도도 깔려 있었다.

플러터 킥을 하려면 등을 바닥에 대고 누워서 두 다리를 쭉 뻗어 하늘로 들어 올리고 양손을 머리 뒤에 두어야 한다. 그런 다음 교관의 구령에 맞추어 두 다리를 위아래로 번갈아 차며 발차기 동작을 해야 한다. 이 훈련 중에 무릎을 구부리는 일은 절대로 용납되지 않았다. 프로그맨들 사이에서 무릎을 구부리는 행위는 자신이 얼마나 나약한지를 스스로 고백하는 것이나 다름없었다.

서커스는 살인적이었다. 수백 번의 플러터 킥에 더하

여 팔 굽혀 펴기와 턱걸이, 윗몸 일으키기, 여덟 차례의 근육 단련 운동이 이어졌다. 해가 넘어갈 즈음 마크와 나는 손가락을 움직일 힘조차 남지 않았다. 실패에는 대가가 따랐다.

다음 날 더 많은 맨몸 운동과 더불어 달리기와 장애물 코스, 수영 훈련이 평소와 다름없이 진행되었고, 유감스럽지만 서커스도 계속되었다. 전날보다 더 많은 윗몸 일으키기와 팔 굽혀 펴기를 해야 했고, 플러터 킥은 훨씬 더 많이 해야 했다. 그런데 서커스가 계속되면서 흥미로운 현상이 일어났다. 수영 실력이 늘면서 마크와 내가 무리에서 뒤처지지 않기 시작한 것이다.

실패에 따른 처벌로 시작된 서커스는 어느새 우리를 더 강하고 더 빠르게 만들었고, 물속에서 더 자신감을 갖게 만들었다. 다른 훈련병들이 이따금씩 하게 되는 실패와 그에 뒤따르는 고통을 감당하지 못하고 중도에 포기하는 동안에도 마크와 나는 서커스가 우리를 무너뜨리게 놔두지 않겠다고 굳게 결심했다.

실 훈련이 거의 막바지에 이르렀을 때 마지막 먼바다 수영 훈련이 시작되었다. 샌클레멘테섬 해변을 따라 약 8킬로미터의 거리를 수영으로 주파하는 임무였다. 실 훈련을 수료하기 위해서는 반드시 정해진 시간 안에 임무를 완수해야 했다.

우리가 잔교에서 점프해 바다로 뛰어들었을 때 물은 지독하게 차가웠다. 두 명씩 열다섯 조의 훈련병이 모두 입수를 마치자 드디어 작은 만을 벗어나 섬에서 돌출된 작은 반도 부근의 해초 지대 위를 헤엄치는 긴 여정이 시작되었다. 대략 두 시간 정도가 지난 무렵부터였다. 훈련병들의 간격이 벌어지면서 나는 우리가 무리의 어디쯤에 있는지 감을 잡을 수 없게 되었다. 그렇게 물에 뛰어든 지 네 시간 만에 마크와 나는 마침내 해변에 도착했다. 완전히 녹초가 된 몸은 감각이 마비되었고 저체온증 초기 증세까지 나타나고 있었다. 파도가 끝나는 곳에 우리를 기다리는 교관이 보였다.

「엎드려!」 교관이 소리쳤다.

나는 손발이 너무 꽁꽁 얼어서 손가락과 발가락 아래로 모래가 느껴지지 않을 지경이었다. 고개를 똑바로 쳐들기 위해 노력했지만 보이는 거라고는 마크와 나를 가운데 두고 원을 그리듯 돌고 있는 교관의 군화가 전부였다.

「두 사람은 또다시 동기들을 곤혹스럽게 만들었다.」 나의 시야에 다른 한 쌍의 군화가 포착되었고 연달아 또 다른 한 쌍이 나타났다. 어느 시점이 되자 대여섯 명이나 되는 교관들이 우리를 둘러싸고 있었다.

「자네들은 다른 동기들을 열등한 사람처럼 보이게 만들었다.」그가 잠시 뜸을 들인 다음에 말했다. 「훈련병, 원위치!」

몸을 일으키면서 마크와 나는 해변을 쓱 훑었고 비로소 우리 조가 1등이라는 사실을 깨달았다.

「두 사람은 긍정적인 의미에서 그들을 당혹스럽게 만들었다.」교관의 얼굴에 미소가 번졌다. 「2등으로 들어오는 조는 아직 보이지도 않는다.」

우리는 재빨리 바다를 돌아보았고 확실히 아무도 보이지 않았다.

「잘해 주었다. 그동안 남들보다 더 많은 땀을 흘리고 더 많이 고생했지만 헛되지 않은 것 같다.」교관이 잠시 말을 멈췄다가 앞으로 다가와 우리에게 악수를 청했다. 「여러분이 실 장교가 되었을 때 함께 복무할 수 있는 기회가 주어진다면 영광일 것이다.」

결국 우리는 해냈다. 그날의 장거리 수영을 마지막으로 힘든 훈련은 모두 끝났고 며칠 뒤에 마크와 나는 실기초 군사 훈련 과정을 무사히 끝마쳤다.

마크는 계속해서 실 부대에서 두드러진 경력을 쌓아 나갔고 우리 두 사람은 오늘날까지 깊은 우정을 이어 가고 있다.

인생을 살다 보면 누구나 수없이 많은 서커스에 직면하게 될 것이다. 실패에 따른 대가도 치르게 될 것이다. 그럼에도 끝까지 굴복하지 않는다면, 실패를 교훈 삼아 자신을 단련시킨다면, 인생에서 가장 힘든 순간을 맞이해서도 이에 대처할 준비가 되어 있을 것이다.

*

1983년 7월은 내 인생에서 가장 힘들었던 순간들 중 하나였다. 부대장 앞에 선 나는 네이비실 대원으로서 나의 경력이 모두 끝장났다고 생각했다. 나는 내가 소속되어 있던 비행 중대의 조직과 훈련 방식, 임무 수행 방식을 바꾸어 보려고 했다가 바로 얼마 전 보직 해임된 참이었다. 다시 말해서 해고된 것이다. 해당 비행 중대의 장교들과 사병들은 훌륭했다. 그들은 내가 그동안 겪어 본 군인들 중에서 가장 전문적인 전사들로 꼽을 만했다. 하지만 베트남전 시절부터 전해 내려온 군대 문화가 여전히 만연해 있었고 나는 이제 바뀌어야 할 때라고 생각했다. 곧 깨닫게 되었지만 변화는 절대로 만만한 일이 아니었다. 특히 책임자 혼자 변화를 주도하기는 더더욱 어려웠다.

비록 해고는 되었지만 다행히도 부대장은 내가 다른 실 팀으로 자리를 옮길 수 있도록 배려해 주었다. 그러나 실 장교로서 나의 명성은 이미 심각하게 훼손되었다. 어디를 가든 장교들과 사병들은 내가 한 번 실패한 사람이라는 걸 알았고, 내가 실 대원으로서의 임무를 수행하기에는 자질이 부족한 게 아닐까 의심하며 수군대고 비아냥대는 소리가 매일 같이 들려왔다.

그 시점의 내 경력에서 내가 선택할 수 있는 길은 두 가지였다. 하나는 제대해서 민간인의 삶으로 돌아가는 것이었다. 나의 최근 장교 적합성 평가서를 고려하면 합리적인 선택처럼 보였다. 다른 하나는 일단 이 난국을 돌파한 다음 다른 사람들과 나 자신에게 내가 훌륭한 실 장교임을 증명하는 것이었다. 나는 후자를 선택했다.

해고된 지 얼마 지나지 않아서 내게 두 번째 기회가 찾아왔다. 실 소대 담당 장교로서 해외 파견 근무를 할 기회를 얻은 것이다. 대부분의 파견 기간 동안 우리는 궁벽한 지역에서 외부와 단절된 채 우리끼리 생활했다. 이 기회를 이용해서 나는 장교로서 내가 여전히 부대를 이끌 능력이 있음을 증명했다. 열두 명의 실 대원들과 좁은 장소에서 부대끼며 지내다 보면 비밀이 없기 마련이다. 소대원들은 오전 훈련에서 내가 얼마나 최선을 다했는지 알았다. 비행기에서 뛰어내릴 때는 맨 앞에 서고 식사 시간에는 맨 뒤에 서 있는 것을 보았다. 내가 개인 화기를 청소하고, 무전기를 점검하고, 기밀 정보를 확인하고, 임무 브리핑을 준비하는 과정을 지켜보았다. 간밤에 밤새도록 오늘 있을 훈련을 준비한 사실을 알았다.

파견 생활이 지속되는 내내 나는 이전의 실패를 거울삼아 소대의 어느 누구보다 많이 일하고, 빨리 움직이고, 더 잘하려고 노력했다. 최고의 자리를 내준 적은 있었지만 단 한 번도 최선을 다하지 않은 적은 없었다.

시간이 지나면서 나는 부하들의 존경심을 회복했다. 몇 년 뒤에는 실 팀 하나를 총괄하는 지휘관에 임명되었다. 그리고 끝내는 미국 서부 해안의 모든 실 부대를 지휘하는 자리에까지 오르게 되었다.

2003년에 나는 이라크와 아프가니스탄에서 전쟁을 수행했다. 이제는 교전 지역에서 다수의 부대를 지휘하

는 1성 장군이었기 때문에 내가 내리는 결정 하나하나
에는 중대한 의미가 담겨 있었다. 이후 몇 년 동안 나는
자주 발을 헛디뎠다. 그러나 실패와 실수를 대가로 치른
수백 번의 성공이 있었다. 인질을 구출하고, 자살 폭탄
테러를 막고, 해적을 소탕하고, 테러리스트를 사살하고,
수많은 사람의 목숨을 구했다.

　나는 과거의 실패가 나 자신을 더욱 강하게 만들었으
며, 실패하지 않을 운명을 타고나는 사람은 없다는 사실
을 내게 가르쳐 주었음을 깨달았다. 진정한 리더는 자신
의 실패에서 배워야 한다. 실패를 교훈 삼아서 자신을
다잡고, 다시 도전하거나 또다시 힘든 결정을 내려야 한
다는 사실을 두려워해서는 안 된다.

　누구도 서커스를 피할 수 없다. 어느 순간에 이르면
모든 사람이 명단에 오르기 마련이다. 서커스를 겁내지
말라.

6

담대하게
도전하라

인생을 바꾸고

세상을 바꾸고 싶다면,

장애물을 과감하게 돌파하라.

나는 9미터 높이의 탑 가장자리에 서서 두꺼운 나일론 밧줄을 그러쥐었다. 밧줄 한쪽은 탑에 연결되어 있었고 다른 한쪽은 30미터가량 떨어진 지상의 기둥에 고정되어 있었다. 나는 실 장애물 훈련을 받는 중이었고 기록적인 속도로 나아가고 있었다. 나는 밧줄 위에 두 다리를 휘감아 필사적으로 버티면서 발판에서 떨어져 나와 조금씩 이동하기 시작했다. 밧줄 아래 몸을 매단 채로 애벌레가 기어가듯이 천천히 조금씩 반대편 끝을 향해 나아갔다.

　반대편에 도착해서 밧줄을 잡았던 손을 놓아 부드러운 모래 위로 몸을 떨구고 나서 나는 곧바로 다음 장애물을 향해 달렸다. 동기들의 열띤 응원 소리에도 불구하고 내 귀에는 오직 교관의 초 읽는 소리만 들렸다. 외줄타기 코스에서 시간을 너무 지체했다. 내가 외줄을 통과하는 기술인 이른바 〈주머니쥐 방식〉이 너무 느린 탓이었는데 그럼에도 머리를 정면으로 해서 밧줄 위에 올라타 미끄러져 내려가는 방식을 시도해 볼 엄두는 나지 않았다. 탑에서 머리부터 출발하는 이른바 코만도 방식을 이용하면 더 빨리 이동할 테지만 빠른 만큼 위험도 더 컸다. 밧줄 위로 이동하는 방식은 밧줄 아래 매달려 가는 방식보다 안정성이 떨어졌고, 추락해 다치기라도 하는 날에는 그것으로 실 훈련은 끝이었다.

나는 실망스러운 기록으로 결승점을 통과했다. 내가 허리를 숙인 채 숨을 고르는 사이 풀을 잔뜩 먹인 카키색 군복을 입고 번쩍번쩍하게 광을 낸 군화를 신은 나이 지긋한 반백의 베트남전 출신 교관이 다가와 나를 내려다보았다. 「맥 훈련병, 자네는 도대체 얼마나 더 지나서 깨달을 텐가?」 경멸스럽다는 듯이 그가 말했다. 「자네가 위험을 감수하지 않는 한 저 장애물은 매번 자네의 발목을 잡을 걸세.」

일주일 뒤 나는 두려움을 떨치고 밧줄 위에 올라타 머리를 정면으로 디밀고 내려가는 외줄타기에 도전했다. 내가 개인 최고 기록으로 결승점을 통과하자 그 나이 든 베트남전 출신 실 교관이 인정의 표시로 고개를 끄덕이는 모습이 보였다. 이로부터 나는 자신이 맡은 임무를 제대로 수행하려면 두려움을 극복하고 자신의 능력을 믿어야 한다는 단순한 교훈을 얻었다. 그리고 이 교훈은 이후로도 오랫동안 내게 많은 도움이 될 터였다.

*

2004년 이라크에 있을 때였다. 무전기 저쪽에서 차분하면서도 다급함이 느껴지는 목소리가 들려왔다. 우리가 찾고 있던 인질 세 명의 행방이 확인되었다는 소식이었다. 알카에다 테러리스트들은 바그다드 외곽에 담장으로 둘러싸인 어느 구역에 인질들을 억류하고 있었다. 첩보에 따르면 불운하게도 테러리스트들이 그들을 다른 장소로 옮기려 하고 있었기 때문에 우리는 신속하게 행동에 나서야 했다.

구출 작전을 담당한 육군 중령이 위험하지만 주간 습격을 감행해야 할 것 같다고 내게 알려 왔다. 설상가상으로 성공을 담보하기 위해서는 강습 부대를 태운 블랙호크 세 대를 그 작은 구역 한가운데에 착륙시켜야 했다. 우리는 다른 전술적 대안들을 논의했지만 중령의 제안이 최선의 방책임이 명백했다. 구출을 위한 기습 작전은 발각될 위험이 적은 야간에 실시하는 것이 좋겠지만, 우리에게는 밤까지 기다릴 만한 시간적 여유가 없었다. 지금 당장 움직이지 않으면 인질들이 다른 곳으로 옮겨져 그곳에서 목숨을 잃을지도 몰랐다.

나는 작전을 승인했고 몇 분 뒤에 세 대의 블랙호크에 탑승한 구조대가 작전 지역으로 출발했다. 블랙호크보다 한참 높은 고도에서 또 다른 한 대의 헬리콥터가 내가 있는 본부로 감시 영상을 전송했다. 나는 세 대의 헬리콥터가 최대한 은밀하게 접근하기 위해 지면에서 불과 몇 미터 남짓한 높이로 사막을 스치듯 비행하는 광경을 조용히 지켜보았다.

트여 있는 해당 구역 앞마당에서 자동 화기로 무장한 한 남자가 건물을 들락거리는 모습이 잡혔다. 이동할 채비를 하는 듯 보였다. 헬리콥터는 5분 거리에 있었고 본부에서 내가 할 수 있는 거라고는 구조대가 마지막 점검을 하느라 교신하는 내용에 귀를 기울이는 것뿐이었다.

인질 구출 작전을 감독한 것이 이번이 처음도 아니었고 물론 마지막도 아닐 테지만 구역 안에 헬리콥터를 착륙시켜 기습 효과를 얻어야 한다는 점에서 이번 작전이 가장 대담한 작전일 것임은 분명했다. 육군 항공대 소속으로 세계 최고의 실력을 갖춘 조종사들이 함께했지만 여전히 매우 위험한 작전이었다. 회전 날개의 길이가 18미터가 넘는 세 대의 헬리콥터가 아슬아슬한 간격을 유지하면서 한 장소에 착륙해야 했다. 건물들을 둘러싸고 있는 2미터 높이의 벽돌담 때문에 조종사들은 접근 각을 급격하게 변침해야 했고 이 또한 위험을 가중시켰다. 어쨌든 매우 고난도의 착륙이 될 터였다. 무전기를 통해서 구조대가 출격 준비를 하는 소리가 들렸다.

그들 위에 떠 있는 감시 헬리콥터의 중계 화면을 통해 세 대의 헬리콥터가 최종 진입을 시도하는 모습이 보였다. 지면에 붙어 수평으로 비행하던 첫 번째 헬리콥터가 수직 상승해서 벽돌담을 넘었고 비좁은 안마당에 안착했다. 그 즉시 구조대가 블랙호크에서 뛰쳐나와 건물 안으로 진입하기 시작했다. 곧바로 두 번째 헬리콥터가 이미 착륙해 있는 헬리콥터와 1미터 남짓한 간격을 두고 내려앉았다. 두 대의 헬리콥터에서 발생한 하강 기류 때문에 착륙 지점에는 먼지가 자욱했다. 세 번째 헬리콥터가 그 구역으로 접근하는 순간 거대한 먼지 기둥이 일었고 일시적으로 조종사의 시야를 가렸다. 헬리콥터는 다행히 아슬아슬하게 담장을 넘었지만 뒷바퀴가 2미터 높이의 담장에 걸리면서 부서진 벽돌 잔해가 사방으로 비산했다. 여유 공간이 전무한 가운데 조종사는 쿵 하는 소리와 함께 거의 억지로 헬리콥터를 착륙시켰고 탑승자도 전원 무사했다.

잠시 후 인질들이 모두 무사히 구출되었다는 보고가 들어왔다. 작전을 개시한 지 채 30분도 지나지 않았지만 구조대와 인질 모두 안전하게 복귀하는 중이었다. 도박은 대성공이었다.

이후 10여 년 동안 나는 우리 같은 특수 작전 부대에게는 위험을 감수하는 것이 일상적인 일임을 매번 깨닫곤 했다. 특수 부대원들은 주어진 임무에 성공하기 위해서 언제나 그들 자신과 장비를 한계까지 밀어붙였다. 바로 그 점이 여러모로 그들을 다른 사람들과 차별화시켰다. 하지만 외부에서 보는 것과 다르게 그들은 보통 모든 위험 요소를 사전에 계산하고 검토하고 계획했다. 우발적인 상황에 직면해서도, 작전에 참가하는 대원들은 자신의 한계를 모르지 않았으나 그럼에도 충분히 해볼 만하다는 자신감을 가지고 있었다.

군에 복무하는 내내 나는 SAS라는 이름으로 유명한

영국 특수 부대에 지극한 존경심을 갖고 있었다. 영국 특수 부대의 모토는 〈도전하는 자가 승리한다〉였다. 우리 부대의 주임 상사였던 크리스 패리스까지 빈 라덴을 급습하기 직전에 작전을 준비하던 실 대원들 앞에서 이 말을 인용했을 정도로 많은 사람이 좋아한 구호였다. 나에게 그 모토는 영국 특수 부대의 부대 운용 방침 이상을 의미했다. 요컨대 그 모토는 우리 각자가 세상을 어떻게 살아가야 하는가를 말해 주는 것이었다.

삶이란 고난의 연속이고 실패할 위험이 상존하지만, 실패와 고난과 역경을 겁내면서 살아가는 사람은 자신이 가진 잠재력을 결코 발휘할 수 없을 것이다. 자신을 한계까지 밀어붙여 본 적이 없는 사람은, 머리를 앞으로 디밀고 밧줄에 올라타 내려가 본 적이 없는 사람은, 담대하게 도전해 본 적이 없는 사람은 자신이 진정 인생에서 무엇을 이룰 수 있는지를 결코 알 수 없을 것이다.

7

약자를 괴롭히는 자들에게
맞서라

인생을 바꾸고

세상을 바꾸고 싶다면,

상어에게 등을 보이지 말라.

6킬로미터 야간 수영이 시작되었을 때 샌클레멘테섬 인근의 외해는 파도가 거셌고 수온도 낮았다. 마크 토머스 소위와 나는 팔 동작 하나하나까지 정확히 보조를 맞추면서 횡영을 하고 있었다. 몸에 잘 맞지 않는 헐렁한 잠수복과 물안경, 한 쌍의 물갈퀴에만 의지한 채 우리는 작은 반도를 돌아 흐르며 남하하고 있는 조류를 거스르며 열심히 헤엄쳤다. 먼바다로 나아갈수록 출발 지점인 해군 기지의 불빛이 희미해지기 시작했다. 한 시간도 되지 않아서 우리는 해변에서 약 1.5킬로미터 정도를 벗어났고 드넓은 바다에는 오직 우리 두 사람만 있는 것 같았다. 주위에 헤엄을 치는 동기들이 있었겠지만 어둠의 장막에 가려져 아무도 보이지 않았다.

나는 물안경 너머로 마크와 눈을 마주쳤다. 그의 표정을 보면서 내가 지금 어떤 얼굴일지 짐작할 수 있었다.

우리 두 사람은 샌클레멘테섬 외해에 상어들이 득실거린다는 사실을 알고 있었다. 그냥 상어가 아닌 상어 중에서 몸집이 가장 크고 바다에서 가장 공격적인 식인 상어로 알려진 백상아리였다. 수영이 시작되기 전에 실 교관들은 그날 밤 우리가 맞닥뜨릴 수 있는 잠재적인 위험 요소들을 간단히 설명해 주었다. 표범상어와 청상아리, 귀상어, 환도상어 같은 이름이 언급되었지만 우리가 가장 두려워한 것은 백상아리였다.

한밤중에 이 넓은 바다 한가운데 달랑 우리 둘만 있다는 생각이 들자 저절로 위축되지 않을 수 없었다. 선사시대부터 존재해 온 포식자가 수면 아래에서 언제든 우리를 반 토막 낼 기회를 노리고 있다는 사실을 알고 있었기 때문이다.

하지만 실 대원이 되고자 하는 우리 두 사람의 열망은 너무나 간절했고 따라서 물속의 어떤 존재도 그 밤에 우리를 막을 수 없었다. 상어와 싸워서 물리쳐야 한다면 기꺼이 그럴 각오도 되어 있었다. 우리가 명예롭고 고결하게 생각한 목표가 우리에게 용기를 준 결과였다. 용기란 놀라운 자질이다. 그 무엇도 그 누구도 용감한 자의 앞길을 막을 수는 없다. 용기가 없다면 다른 사람이 우리의 앞날을 결정하게 될 것이다. 용기가 없다면 우리는 삶의 온갖 유혹에 휘둘리게 될 것이다. 용기가 없다면 우리는 폭군과 압제자의 지배를 받게 될 것이다. 용기가 없다면 위대한 사회는 결코 만들어지지 않을 것이다. 용기가 없다면 이 세상은 약자를 괴롭히는 자들의 차지가 될 것이다. 하지만 용기가 있다면 당신에게 불가능한 목표란 결코 존재하지 않는다. 용기가 있다면 당신은 악과 맞서 싸워 이길 수 있다.

*

이제는 전직 이라크 대통령 신세가 된 사담 후세인이 오렌지색 죄수복 차림으로 야전 침대 모서리에 걸터앉아 있었다. 24시간 전에 미군에게 체포된 그는 이제 미국의 죄수였다.

내가 새로운 이라크 정부의 지도자들을 대동한 채 감방 문을 열었을 때 후세인은 앉은 자리에서 일어날 생각조차 하지 않았다. 얼굴에 잠깐 비웃음이 떠올랐다가 사라졌을 뿐 자신의 죄를 뉘우치거나 굴복하는 기색은 전혀 없었다. 네 명의 이라크 지도자들은 다짜고짜 사담 후세인에게 호통을 치기 시작했지만 그 와중에도 그와 안전한 거리를 유지하는 것을 잊지 않았다. 그들이 하는 모습을 경멸 섞인 눈으로 지켜보던 후세인이 과장되게 웃으면서 앉으라고 손짓했다. 그러자 네 사람이 저마다 간이 의자를 펴고 앉았다. 그들에게는 여전히 예전 독재자에 대한 두려움이 남아 있었다. 고성과 손가락질이 계속되었지만 예전 독재자가 입을 열기 시작하자 이내 쥐 죽은 듯 조용해졌다.

후세인이 이끈 바트당은 시아파 이라크인 수천 명과 쿠르드족 수만 명을 죽음으로 내몬 원흉이었다. 후세인은 자신에게 충성하지 않는다고 생각되는 수하의 많은 장군들을 자신이 직접 처형한 인물이었다.

나는 후세인이 그 방에 있는 다른 누구에게도 더 이상 위협이 될 수 없다고 확신했지만 이라크 지도자들의 생각은 다른 듯했다. 그들 눈에는 두려운 기색이 역력했다. 바그다드의 도살자로 불린 이 남자는 지난 수십 년 동안 전 국민을 공포에 떨게 만들었다. 정책적으로 자신을 신격화하면서 최악의 추종자들을 양산해 냈다. 필요하다면 살인도 마다하지 않은 그들은 무고한 양민을 짐승처럼 다루었고 수천 명에 달하는 자국민을 해외로 망명하게 만들었다. 그럼에도 이라크 내에서는 누구도 용기를 내서 이 폭군에게 맞서지 못했다. 새로운 이라크 지도자들 역시 후세인이 비록 몸은 감옥 안에 있어도 그들에게 무슨 보복을 할지 모른다는 생각에 겁을 집어먹고 있는 것이 분명했다.

그날의 면회가 후세인에게 권좌에서 밀려난 자신의 처지를 절감하도록 만들 목적이었다면 보기 좋게 실패한 셈이었다. 그 짧은 순간에도 후세인은 새 정부의 지도자들을 위협하고 겁을 주었다. 심지어 다른 어느 때보다 자신감이 넘쳐 보였다.

이라크 지도자들이 떠나자마자 나는 감시 근무자들에게 이 전직 대통령을 그 작은 방에 완전히 고립시키라고 지시했다. 더 이상 면회는 안 되며, 한 방에서 감시하는 근무자들에게도 그와 이야기하지 말라는 명령을 내렸다.

이후 한 달 동안 나는 매일 그가 수감된 작은 감방을 방문했다. 후세인은 매번 자리에서 일어나 나를 맞이했지만 나는 매번 아무 말도 하지 않은 채 그에게 다시 침대로 돌아가라고 손짓했다. 나의 메시지는 분명했다. 후세인은 더 이상 중요한 사람이 아니다. 더 이상 주변에 있는 사람들을 위협할 수 없다. 더 이상 국민들에게 두려움을 조장할 수 없다. 휘황찬란한 궁궐은 사라졌다. 하녀와 하인, 수하의 장군들도 모두 사라졌다. 권력은 사라졌다. 그가 통치하던 오만과 탄압의 시대는 끝났다. 용감한 젊은 미군들이 그의 폭정에 맞섰으며 그는 이제 더 이상 어느 누구에게도 위협이 될 수 없었다.

30일 뒤 사담 후세인은 헌병대로 이송되었고, 1년 뒤 이라크인들은 반역죄로 그를 교수형에 처했다.

약자를 괴롭히는 인간들이란 전부 똑같다. 학교 운동장에서든, 직장에서든, 또는 공포 정치를 통해 한 나라를 통치하고 있는 권좌에서든, 그곳이 어디든 간에 그들은 똑같은 양태를 드러낸다. 그들은 공포감을 조성하고 남을 협박하는 데 뛰어나다. 소심하고 나약한 사람들을 이용해서 강해진다. 귀신같이 두려움의 냄새를 맡는 바다의 상어와 같은 존재들이다. 그들은 먼저 먹잇감 주위를 선회하면서 먹잇감이 허우적거리고 있는지 살필 것이다. 눈앞의 먹잇감이 충분히 약한지 탐색할 것이다. 그 순간에 우리가 용기를 내서 당당하게 맞서지 않으면 그들은 공격을 시작할 것이다. 인생에서 어떤 목표를 성취하려면, 야간 수영 임무를 완수하려면, 우리는 진정한 용기를 가진 남녀가 되어야 한다. 용기는 이미 우리 안

에 있다. 자신의 내면을 깊이 들여다보라. 그러면 풍요
롭게 존재하는 용기의 보고를 발견하게 될 것이다.

8

어둠을 뚫고
나아가라

인생을 바꾸고

세상을 바꾸고 싶다면,

가장 어두운 순간에 최선의 나를 발휘하라.

나는 모래로 이루어진 작은 곳에 서서 만(灣) 건너편 해군 기지의 32번가에 일렬로 계류되어 있는 군함들을 바라보았다. 군함과 우리가 출발할 장소의 중간 지점인 샌디에이고 만에 작은 배가 정박해 있는 모습이 보였다. 오늘 저녁에 우리의 〈표적〉이 될 배였다. 우리는 지난 몇 달 동안 스쿠버 다이빙의 기초부터 물속에서 거품이 발생하지 않는 에머슨 폐회로 다이빙 장비를 이용한 보다 진보된 잠수 기술까지 모두 배웠다. 오늘 밤 훈련은 잠수 훈련의 정점이었고 실 기초 군사 훈련 과정을 통틀어 기술적으로 가장 난이도가 높은 훈련이었다.

우리 목표는 출발 지점에서 만의 반대편에 정박해 있는 배까지 잠수로 3킬로미터를 이동하는 것이었다. 일단 배 밑에 도착한 다음에는 용골에 훈련용 선체 부착 폭탄을 설치하고 발각되지 않은 채 해변으로 복귀해야 했다. 에머슨 다이빙 장비는 대원들 사이에서 암암리에 〈죽음의 장비〉라는 별칭으로 불렸다. 가끔씩 고장을 일으킨다고 알려졌기 때문인데 네이비실에 전해지는 말로는 최근 몇 년 동안 많은 훈련병이 에머슨 장비를 사용하다가 목숨을 잃었다.

샌디에이고 만의 야간 시계(視界)는 자신의 코앞에 손을 가져다 대도 보이지 않을 정도로 나빴다. 주변에 보이는 빛이라고는 손목의 수중 나침반을 비추는 작은 녹색 케미컬 라이트가 전부였다. 설상가상으로 안개까지 자욱했다. 샌디에이고 만 전역에 연무가 낮게 깔리면서 우리는 표적이 위치한 방향을 설정하는 초기 단계부터 난항을 겪었다. 혹시라도 표적에 정확히 도달하지 못할 경우 배가 다니는 경로 안으로 들어갈 수 있었다. 해군 구축함이 입항하는 순간에 선박 항로에서 우왕좌왕하는 일만큼은 절대로 피해야 했다.

야간 잠수를 준비하는 스물다섯 쌍의 잠수부들 앞으로 교관들이 바쁘게 오갔다. 우리만큼이나 그들도 긴장한 듯 보였다. 그들은 이번 훈련에서 사상자가 발생할 가능성이 매우 높다는 사실을 알았다.

그 밤의 훈련을 지휘하는 중사가 잠수부들을 모두 호

출했고, 우리는 그를 중심으로 빙 둘러섰다. 「오늘 밤 우리는 여러분 가운데 누가 진짜로 프로그맨이 되고 싶어 하는지 알게 될 것이다.」그가 잠시 뜸을 들이는 동안 긴장감이 더욱 고조되었다. 「저 밖은 춥고 어둡다. 배 아래는 훨씬 어두울 것이다. 너무 어두워서 자칫 방향을 잃을 수 있다. 거리가 벌어지면 너무 어두워서 동료 대원이 여러분을 찾지 못할 수도 있다.」이제 안개는 우리를 완전히 집어삼킬 태세였다. 우리가 모여 있는 곳 전역이 이미 연무에 휩싸여 있었다. 「오늘 밤 여러분은 최선을 다해야 할 것이다. 두려움과 의심과 피로를 극복해야 한다. 아무리 어두울지라도 임무를 완수해야 한다. 어떤 어려운 상황에서도 임무를 완수하기 때문에 여러분이 다른 사람과 다른 것이다.」왜인지는 모르지만 이후 30년 동안 나는 이 말을 단 한시도 잊은 적이 없었다.

*

아프가니스탄의 바그람 공군 기지 이착륙장에 자욱하게 긴 안개를 바라보고 있을 때, 내 앞에는 또 다른 어두운 순간이 펼쳐지고 있었다. 거대한 C-17 수송기 한 대가 격납고 앞에서 화물칸 램프를 내리고 전사자의 시신을 넘겨받기 위해서 대기 중이었다.

본국 송환을 앞두고 전몰장병 추도식이 진행되고 있었다. 전몰장병 추도식은 이라크 전쟁과 아프가니스탄 전쟁에서 가장 엄숙하면서도 감정이 고양되는 순간이었다. 이것은 미국이 가장 잘하는 일 중 하나이기도 했다. 모든 전몰장병은 출신 배경과 상관없이, 마지막 순간에 얼마나 영웅적으로 행동했느냐와 상관없이 극진한 예우를 받았다. 국가가 그들의 희생을 인정하는 방식이었다. 고향으로 돌아가는 그들에게 바치는 우리의 마지막 경례이자 감사의 표시였으며 일종의 기도였다.

군인들이 수송기의 램프에서 시작해서 두 줄로 나란히 늘어섰다. 열중쉬어 자세를 하고 있는 그들이 오늘의 의장대였다. 세 가지 악기로 편성된 조촐한 군악대가 수송기의 오른쪽에서 「어메이징 그레이스」를 잔잔하게 연주했다.

수송기의 왼쪽에는 나를 포함해서 몇몇 사람이 모여 있었고 길게 이어진 격납고 앞에는 그보다 훨씬 많은 수백 명의 육군과 해군, 공군, 해병대, 민간인과 동맹국 군인 등이 서 있었다. 전사자에게 마지막 경의를 표하기 위해 나온 사람들이었다.

전사자의 시신을 실은 험비 전술 차량이 시간에 맞춰 도착했다. 운구를 맡은 여섯 명은 전사자가 생전에 소속되어 있던 부대의 대원들이었다. 성조기로 덮인 관을 험비에서 꺼낸 운구자들이 의장대 사이로 천천히 나아갔고 램프를 통과해서 비행기에 올랐다.

그들은 화물칸 정중앙에 관을 내려놓은 다음 민첩하게 돌아서서 차려 자세로 경례를 붙였다. 군목이 전사자의 머리맡에서 고개를 숙인 채 「이사야」 6장 8절을 낭송했다.

「내가 또 주의 목소리를 들으니 주께서 이르시되 내가 누구를 보내며 누가 우리를 위하여 갈꼬 하시니 그때에 내가 이르되 내가 여기 있나이다 나를 보내소서!」

〈영결 나팔〉이 울려 퍼지는 가운데 눈물이 군인들의 얼굴에서 흘러내렸다. 누구도 비통한 감정을 굳이 감추려 하지 않았다.

운구자들이 자리를 비키자 밖에 줄지어 서 있던 사람들이 차례로 전사자에게 다가가 경례를 하거나 그 옆에 무릎을 꿇고 앉아서 마지막 묵념을 했다.

C-17 수송기는 그날 오전 늦게 아프가니스탄을 출발

해서 도중에 연료를 보급받으며 도버 공군 기지에 도착할 예정이었다. 그곳에서 또 다른 의장대가 유가족과 함께 전사자를 맞이하고 집으로 가는 길을 에스코트할 것이다.

사랑하는 이를 잃는 것보다 삶에서 더 어두운 순간은 없다. 그럼에도 나는 그 비극적인 시간에도 가족이, 부대가, 마을이, 도시가, 나라가 어떻게 우리라는 이름으로 최선을 다해 시련을 극복해 나가는지를 되풀이해서 목격했다.

한 노련한 육군 특수 부대원이 이라크에서 목숨을 잃었을 때, 그의 쌍둥이 동생은 실의에 빠지기보다는 의연한 태도로 죽은 장병의 친구들을 위로하며 가족을 하나로 뭉치게 했다. 도움이 필요한 시기에 자신이 가진 힘을 다하는 동생의 모습을 죽은 형이 봤더라면 그는 틀림없이 동생을 자랑스러워했을 것이다.

전사한 한 레인저 대원이 조지아주 사바나 기지로 송환되었을 때, 전 부대원은 제복을 단정하게 차려 입고 교회에서부터 고인이 생전에 즐겨 찾던 리버 가의 술집까지 행진했다. 그들이 가는 길에 사바나의 주민들도 모습을 드러냈다. 소방관과 경찰관, 퇴역 군인은 물론이고 사회 각계각층의 시민들이 아프가니스탄에서 영웅적으로 생을 마감한 젊은 군인에게 경의를 표하기 위해 거리로 나왔다.

아프가니스탄에서 CV-22 수송기가 추락해서 조종사와 승무원 전원이 사망했을 때, 같은 부대 소속 비행사 전원은 고인을 찾아와 경의를 표하고 난 후 다음 날 곧바로 출격했다. 그들이 하늘에 있기를, 그래서 계속 임무를 수행하기를 죽은 전우들이 바란다는 것을 알기 때문이었다.

헬리콥터 사고로 스물다섯 명의 특수 부대원과 여섯 명의 주 방위군이 목숨을 잃었을 때, 전 국민은 그들의 죽음을 애도하면서도 죽은 전사들이 보여 준 용기와 애국심, 용맹함을 더없이 칭송했다.

누구나 인생을 살다 보면 어느 순간에 어두운 시기가 찾아오기 마련이다. 사랑하는 이를 떠나보내는 그런 문제가 아닐지라도, 우리를 기죽이고 미래를 의심하게 만드는 때가 있기 마련이다. 그런 어두운 시절이 닥치거든, 자신의 내면 깊숙한 곳까지 내려가 최선의 자신을 이끌어 내라.

9

사람들에게
희망을 주어라

인생을 바꾸고

세상을 바꾸고 싶다면,

진흙이 목까지 차오르는 순간에도 희망을 노래하라.

태평양에서 불어오는 밤바람이 시속 30킬로미터의 속도로 휘몰아쳤다. 달조차 뜨지 않은 밤이었고 낮은 구름층 때문에 별들도 빛을 잃었다. 나는 가슴까지 잠기는 진창 속에 앉아 있었다. 머리부터 발끝까지 이미 온몸이 진흙투성이였다. 말라붙은 진흙 때문에 시야까지 흐릿해진 탓에 바로 옆 구덩이에서 대열을 유지하고 있는 동기들도 윤곽만 보일 뿐이었다.

지옥의 한 주가 시작된 지 사흘째인 수요일이었고 우리는 그 악명 높은 티후아나 진창에 나와 있었다. 지옥의 한 주는 실 기초 군사 훈련에서 매우 중요한 과정이었다. 훈련이 진행되는 엿새 동안 훈련병들은 한숨도 자지 못한 채 교관들에게 끊임없이 시달림을 당했다. 장거리 달리기, 외해 수영, 장애물 코스, 외줄타기, 무한 반복되는 맨몸 운동, 소형 고무보트를 타고 무한정 노 젓기

등의 훈련이 총망라되었다. 지옥의 한 주 훈련을 실시하는 목적은 나약한 훈련병들을, 실 대원이 되기에 충분히 강인하지 않은 지원자들을 솎아 내는 것이었다.

통계에 따르면 실 훈련 중 다른 어느 때보다 지옥의 한 주 동안 탈락자가 가장 많이 발생했으며 티후아나 진창 훈련은 그중에서도 가장 큰 고비였다. 사우스샌디에이고 카운티와 멕시코 사이의 탁 트인 저지대에 위치한 티후아나 진창은 샌디에이고에서 흘러나오는 물이 일정한 점성으로 깊고 걸쭉한 진흙 지대를 형성한 곳이었다.

그날 오후 일찍부터 우리는 고무보트를 저어 코로나도에서 갯벌까지 이동했다. 갯벌에 도착하자마자 진창으로 들어가라는 명령이 떨어졌고, 이내 추위에 떨면서 온몸이 눅눅하게 젖은 채로 비참함을 한껏 느끼도록 특별히 고안된 일련의 레이스가 펼쳐졌다. 진흙이 온몸 구석구석에 들러붙었다. 질척이는 진창 속을 헤치고 나아가는 동안 우리는 금세 지쳤고 계속 버텨 보려는 우리의 의지는 시험대에 올랐다.

레이스는 몇 시간 동안 지속되었다. 밤이 되자 뼛속까지 파고드는 추위와 누적된 피로 때문에 우리는 거의 움직일 수조차 없는 지경에 이르렀다. 해가 진 뒤로 기온

이 급격히 떨어지고 바람도 더욱 거세져, 상황은 모든 면에서 더욱 힘들어진 것 같았다.

사기가 급속하게 떨어졌다. 이제 겨우 수요일이었고 우리 모두는 지금과 같은 고통과 탈진의 나날을 앞으로 사흘 더 버텨야 한다는 사실을 알았다. 수많은 훈련병에게 마침내 진실의 순간이 도래했다. 쉬지 않고 움직인 탓에 이미 손발이 붓고 조금만 움직여도 쓰라릴 정도로 피부가 예민해진 상태에서 몸까지 주체할 수 없을 정도로 떨리자 훈련을 끝까지 완수할 수 있다는 희망이 빠르게 빛을 잃어 가고 있었다.

저 멀리 도시의 불빛을 뒤로한 채 실 교관 한 명이 의미심장한 얼굴로 갯벌 가장자리로 다가왔다. 오랜 친구처럼 다정한 말투로, 그는 확성기에 대고 고통 받는 훈련병들에게 편하게 갈 수 있는 방법을 제안했다. 그는 우리가 원한다면 자신을 비롯한 다른 교관들과 함께 따뜻하게 모닥불을 쬘 수 있다고 말했다. 따끈한 커피와 치킨 수프도 먹을 수 있었다. 내일 날이 밝기 전까지 느긋하게 휴식도 즐길 수 있었다. 이제 편히 쉬지 그래. 어렵게 생각하지 마.

몇몇 훈련병이 교관의 달콤한 꼬임에 흔들리는 것이

느껴졌다. 이 진창 속에서 버텨 보았자 결국 얼마나 더 버틸 수 있을까? 따뜻한 모닥불과 따끈따끈한 커피, 치킨 수프는 분명 매혹적인 제안이었다. 그러나 조건이 있었다. 먼저 우리 중 다섯 명이 훈련을 포기해야 했다. 다섯 명만 포기하면 나머지 훈련병은 고통에서 벗어나 잠깐이나마 휴식을 취할 수 있었다.

옆에 있던 훈련병이 갑자기 교관이 있는 쪽으로 움직이기 시작했다. 내가 팔을 붙들어 말리려고 했지만 진창을 벗어나려는 열망이 이미 걷잡을 수 없는 상태였다. 그가 내 손을 뿌리치고 마른 땅으로 달려들기 시작했다. 교관이 웃고 있는 모습이 보였다. 그는 일단 한 명이 그만두면 다른 훈련병들도 그 뒤를 따를 거라는 걸 알고 있었다.

그때였다. 갑자기 울부짖는 바람 소리 위로 한 목소리가 들려왔다. 노랫소리였다. 지치고 갈라진 목소리일망정 모두에게 들릴 만큼 충분히 큰 소리였다. 노랫말은 귀에 잘 들어오지 않았지만 모두가 익히 아는 곡조였다. 하나였던 목소리는 이내 둘이 되었고, 두 개의 목소리는 다시 셋이 되었다. 오래지 않아 모두가 노래하고 있었다.

마른 땅을 향해 돌진하던 훈련병은 방향을 돌려 다시

내 옆으로 돌아왔다. 나와 팔짱을 끼더니 같이 노래하기 시작했다. 교관이 확성기에 대고 당장 노래를 중단하라고 다그쳤다. 아무도 말을 듣지 않았다. 교관은 다시 훈련병 대표에게 동기들을 자제시키라고 윽박질렀다. 노래는 계속되었다. 교관의 위협이 거듭될수록 노랫소리는 더욱 커졌고, 훈련병들은 더욱 강해졌으며, 역경에 맞서 나아가고자 하는 의지는 더욱 단단해져 깨질 수 없는 상태에 이르렀다. 어둠 속에서 불빛에 반사된 교관의 얼굴에 미소가 번지는 것이 보였다. 우리는 또다시 중요한 교훈을 배웠다. 한 사람의 힘이 무리 전체를 단결시킬 수 있으며 주변 사람들에게 용기는 물론이고 희망을 줄 수도 있다는 사실을 말이다. 진흙이 목까지 잠긴 상황에서 그 한 사람이 노래를 부를 수 있다면, 우리도 그리할 수 있을 것이다. 그 한 사람이 살을 에는 추위를 견딜 수 있다면, 우리도 그리할 수 있을 것이다. 그 한 사람이 제자리를 지킬 수 있다면, 우리도 그리할 수 있을 것이다.

*

도버 공군 기지의 커다란 방은 슬픔에 잠긴 유가족들로 가득했다. 누군가의 아이는 어머니의 품에 안긴 채 슬픔에 겨워 흐느꼈고, 누군가의 부모는 손을 맞잡은 채 서로에게 기대고 있었으며, 누군가의 아내는 마냥 망연자실한 표정을 하고 있었다. 불과 닷새 전, 실 대원들과 아프가니스탄 특수 부대원을 태우고 육군 항공 조종사가 조종하던 헬리콥터가 격추되었다. 서른여덟 명의 탑승자 전원이 사망했다. 테러와의 전쟁 과정에서 단일 사건으로는 가장 많은 희생자가 발생한 참사였다.

거대한 C-17 수송기가 도버 공군 기지에 착륙할 시간이 채 한 시간도 남지 않았다. 잠시 후 수송기가 도착하면 유가족들은 비행 대기선으로 안내되어 성조기가 덮인 관에 실려 온 가족과 만날 것이다. 그런데 유가족들이 기다리는 동안 미국 대통령과 국방장관, 다수의 보좌관과 고위급 군 지휘관이 대기실을 방문했고 유가족들에게 경의를 표하거나 직접 위로의 말을 건넸다.

나는 그동안 수십 차례에 걸쳐 전몰장병 추도식에 참석했다. 결코 쉽지 않은 일이었고, 내가 건네는 위로의 말이 사랑하는 이를 잃은 유가족들에게 정말로 위안이 되기는 하는지, 상실감으로 인한 충격으로 유가족들이 내가 하는 말을 전혀 알아듣지 못하는 것은 아닌지 자주 의구심이 들곤 했다.

내 아내 조지안을 따라 나도 유가족들과 대화를 시작하며 적절한 위로의 말을 찾기 위해 애썼다. 내가 어떻게 그들의 고통을 진심으로 공감할 수 있겠는가? 어떻게 그들의 아들과 남편, 아버지, 형제, 친구의 희생이 그럴 만한 가치가 있었다고 말할 수 있겠는가? 나는 그들 한 사람 한 사람을 위로하기 위해 최선을 다했다. 그들을 안아 주었고, 그들과 함께 기도했다. 그들을 위해서라도 강한 모습을 보이려 애썼지만, 어쩐지 내가 건네는 위로의 말이 미흡하다는 느낌을 떨칠 수 없었다.

그때, 그러니까 내가 한 노부인 곁에 무릎을 꿇고 앉아 있을 때, 내 바로 옆에 있던 가족이 존 켈리 해군 중장과 얘기를 나누고 있음을 알았다. 국방장관의 군사 보좌관인 켈리는 훤칠하고 마른 체격에 짧게 깎은 은회색 머리를 하고 깔끔한 해군 정복을 갖춰 입고 있었다. 그 가족은 그를 둘러싼 채 모여 있었고, 이러한 비극에 직면해 켈리가 건네는 공감과 격려의 말이 비탄에 잠긴 고인의 부모와 자녀에게 지대한 영향을 미치고 있음이 느껴졌다. 그가 미소 지으면 그들도 따라 미소를 지었고, 그가 껴안으면 그들도 같이 껴안았다. 그가 손을 내밀자 그들은 그 손을 꼭 쥐었다.

마지막으로 부모를 포옹하고 나서 가족의 희생에 고마움을 표한 다음, 켈리는 비통해하는 다른 가족이 있는 쪽으로 자리를 옮겼다. 수송기가 도착하기 전까지 한 시간 동안 존 켈리는 대기실에 있던 거의 모든 유가족의 마음을 움직였다. 켈리의 말은 그날의 어떤 방문객보다 그 자리의 모든 부모와 아내, 형제자매, 친구들에게 더 큰 울림을 주었다. 그가 가족들에게 건넨 말들은 이해에서 나온 말들이었다. 그의 말은 공감의 말이었고, 무엇보다 희망의 말이었다.

오직 존 켈리만이 그날 유가족에게 위안을 주었고, 오직 그만이 유가족에게 희망을 주었다. 오직 존 켈리만이 전쟁터에서 자식을 잃는다는 것이 어떤 것인지 알았기 때문이다.

해군 중위 로버트 켈리는 제5해병대 제3대대에 복무하던 중 2010년 아프가니스탄에서 전사했다. 켈리 장군과 그의 가족은 그날 도버 공군 기지에서 만난 다른 유족들처럼 아들의 죽음이라는 비극과 싸웠다. 하지만 존 켈리와 그의 가족은 결국 이겨 냈다. 고통과 애끓는 아픔을, 위로될 수 없는 상실감을 견뎌 냈다.

그날 존 켈리를 지켜보면서 나 또한 힘을 얻었다. 사실을 고백하자면, 내 휘하의 병사를 잃고 유가족과 슬픔을 나눌 때, 나 또한 어쩌면 그 같은 일이 언젠가는 나 자신에게도 일어날지 모른다는 두려움을 느낀다. 나는 자식을 잃는 아픔을 이겨 낼 수 있을까? 나 없이도 우리 가족은 잘 살아갈 수 있을까? 신께서 자비를 베풀어 우리 어깨에 제발 그런 상상도 할 수 없는 짐을 내려놓지 않기를 희망하고 기도할 뿐이다.

이후 3년이란 세월이 더 흐르면서 존 켈리와 나는 절친한 친구가 되었다. 그는 뛰어난 지휘관이었고, 아내 카렌에게는 든든한 남편이었으며, 딸 케이트와 장남인 해병대 소령 존 켈리에게는 자애로운 아버지였다. 무엇보다 그는 자신도 알지 못하는 사이에 주위의 모든 사람에게 희망을 주었다. 최악의 순간에 아픔과 절망과 고통을 딛고 일어나서 강해질 수 있다는 희망을 주었다. 우리 모두가 단지 앞으로 나아가는 데 그치지 않고 다른 누군가에게 힘이 되어 줄 수 있다는 희망을 주었다.

희망은 전 우주를 통틀어서 가장 강력한 힘이다. 희망이 있어야 위대한 사회가 만들어질 수 있다. 희망이 있

어야 넘어진 사람들을 일으켜 세워 줄 수 있다. 희망이
있어야 견딜 수 없는 상실의 아픔을 완화할 수 있다. 때
로는 단 한 사람이 가진 힘이 그 같은 변화를 만들어 내
기도 한다.

어느 순간이 되면 우리는 진창 속에 목까지 잠겨 있는
자신을 발견할 것이다. 바로 그 순간이 큰 목소리로 노
래할 때이다. 더 크게 웃으면서 주변 사람들에게 힘이
되어야 할 때이다. 내일은 오늘보다 나을 거라고 그들에
게 희망을 주어야 할 때이다.

10

절대로, 절대로
포기하지 말라!

인생을 바꾸고

세상을 바꾸고 싶다면,

포기는 선택지가 될 수 없음을 명심하라.

나는 다른 150명의 동기생들과 차려 자세로 서 있었다. 실 기초 군사 훈련이 시작된 첫날이었다. 전투화를 신고 카키색 반바지에 파란색과 금색이 섞인 티셔츠 차림의 교관이 아스팔트 연병장을 가로질러 모든 훈련병이 볼 수 있는 곳에 매달린 황동 종을 향해 걸어갔다.

「제군들,」 그가 말문을 열었다. 「오늘은 실 훈련 첫날이다. 오늘부터 6개월 동안 여러분은 미군 중에서도 가장 힘들고 거친 훈련을 받게 될 것이다.」

흘낏 주위를 둘러보자 몇몇 동기생 얼굴에 불안한 표정이 드리운 게 보였다.

교관의 엄포가 계속되었다. 「여러분은 지금까지 살면서 한 번도 경험하지 못한 시험을 겪게 될 것이다.」 그가 잠시 말을 멈추고 풋내기 〈올챙이들〉을 쭉 훑어보았다. 「대다수가 훈련을 통과하지 못할 것이다. 내가 그렇게 만들 것이다.」희미한 미소를 지으며 교관이 말했다.「나에게 부여된 모든 권한을 이용해서 여러분을 포기하게 만들 것이다!」그는 마지막 세 문장을 특히 힘주어 강조했다.「나는 무자비하게 여러분을 괴롭힐 것이다. 동료들 앞에서 여러분에게 창피를 줄 것이다. 여러분을 한계까지 밀어붙일 것이다.」그때 그의 얼굴에 다시 미소가 어렸다가 사라졌다.「고통을 각오하라. 정말 상상도 못한 고통을 맛보게 될 것이다.」

그가 종에 달린 줄을 힘껏 잡아당기자 커다란 종소리가 연병장 전체에 울려 퍼졌다.「그러나 고통을 견디는 것도, 괴롭힘을 당하는 것도 싫다면 아주 간단한 해결책이 있다.」교관이 재차 줄을 잡아당겼고 강렬한 금속성 소음이 주변 건물에 부딪쳐 메아리쳤다.「포기하고 싶은 훈련병은 이 종을 단 세 번만 치면 된다.」그가 줄을 놓았다.「종을 울리면 더 이상 일찍 기상할 필요가 없다. 목구멍에서 단내가 나도록 뛰거나, 차가운 물속을 헤엄치거나, 장애물 훈련을 받을 필요도 없다. 종만 울리면 이 모든 고통을 피해 갈 수 있다.」

그러고 나서 교관은 잠시 바닥의 아스팔트를 흘긋 내려다보았다. 이제 준비했던 말을 마치려는 듯했다.「하지만 여러분이 알아야 할 것이 있다.」 그가 말했다. 「만약 포기한다면 평생 그 일을 후회하면서 살게 될 것이다. 포기한다고 해서 삶이 수월해지는 일은 절대로 없을 것이다.」

여섯 달 뒤, 수료식에 참석한 우리 동기는 고작 서른세 명뿐이었다. 일부 동기들은 쉬운 길을 선택했다. 그들은 포기했고, 나는 교관의 말이 틀리지 않았다고 생각한다. 그들은 평생을 두고 후회할 것이다.

내가 실 기초 군사 훈련 과정에서 배운 교훈 가운데 이보다 중요한 교훈은 없었다. 절대로 포기하지 말라. 딱히 심오한 의미가 있는 말도 아니다. 그럼에도 삶은 무언가를 계속 해나가기보다 포기하는 편이 훨씬 쉬워 보이도록, 너무 불리해서 포기하는 편이 훨씬 합리적인 판단인 것처럼 보이도록 끊임없이 우리를 현혹한다.

나는 군 생활 내내 남녀를 불문하고 포기하길 거부한 사람들에게, 요컨대 자기 연민에 빠지길 거부한 사람들에게 자주 자극을 받았다. 그러나 아프가니스탄의 한 병원에서 만난 젊은 레인저 대원보다 더 큰 울림을 준 사람은 이제까지 아무도 없었다.

*

    어느 늦은 저녁, 나는 내가 지휘하는 부대의 병사 중 한 명이 압력식 지뢰를 밟아서 내가 있는 사령부 근처의 야전 병원으로 후송되었다는 보고를 받았다. 레인저 부대 연대장인 에릭 쿠릴라 대령과 나는 병사의 상태를 직접 확인하기 위해서 서둘러 병원으로 향했다.

    병사는 입에 흉강으로 연결된 튜브를 삽입한 채 병실 침대에 누워 있었다. 폭발로 인한 화상 때문에 팔과 얼굴 전체가 얼룩덜룩한 모습이었다. 그는 담요를 덮고 있었는데 일반적으로 다리가 있을 것으로 짐작되는 부위가 평평했다. 그의 삶은 이제 영원히 바뀌어 있었다.

    아프가니스탄에 있는 동안 나는 그 야전 병원을 수없이 방문했다. 전시 지휘관은 보통 인간이 겪는 고통을 내면 깊숙이 받아들이길 꺼린다. 그 또한 전쟁의 일부임을 알기 때문이다. 군인은 다치고, 죽기 마련이다. 군인이란 그런 것이다. 결정을 내릴 때마다 얼마나 인명 손실이 날지 예측하려는 지휘관은 아무리 애를 쓰더라도 좀처럼 효율적인 결정을 내릴 수 없게 된다.

    그럼에도 이날 밤은 왠지 다르게 느껴졌다. 내 앞에

누워 있는 레인저 대원이 너무 어렸다. 나의 두 아들보다 어렸다. 이제 열아홉 살이었고 이름은 애덤 베이츠였다. 일주일 전에 아프가니스탄에 도착했고, 이번이 첫 실전 임무였다. 나는 몸을 기울여 그의 어깨를 어루만졌다. 진정제를 맞고 있어서 의식이 없는 듯 보였다. 내가 잠깐 상념에 잠겼다가 짧게 기도문을 외고 병실을 나서려 할 때, 간호사가 병사의 상태를 점검하기 위해 안으로 들어왔다.

미소 띤 얼굴로 병사의 생명 징후를 살피고 나서 간호사가 내게 환자의 상태와 관련해서 혹시 궁금한 점은 없는지 물었다. 간호사는 내게 병사의 양쪽 다리가 모두 절단되었고 심각한 폭발 손상을 입기는 했지만 생명에는 지장이 없을 거라고 알려 주었다.

나는 베이츠 대원을 잘 보살펴 주어서 고맙다는 인사와 함께 환자가 의식을 회복하면 다시 오겠다고 말했다. 「이런, 환자는 지금도 깨어 있어요.」 그녀가 말했다. 「환자와 이야기를 나누다 보면 장군님께도 실제로 도움이 될 거예요.」 간호사가 어린 레인저 대원을 부드럽게 흔들자 그가 살짝 눈을 떴고 나의 존재를 알아보았다.

「그는 지금 말을 할 수 없어요.」 간호사가 말했다. 「하지만 어머니가 청각 장애인이라서 수화를 할 줄 알아요.」 그녀가 내게 다양한 수화 기호가 적힌 종이 한 장을 내밀었다.

그와 대화를 나누는 잠깐 동안 나는 적절한 말을 생각해 내려고 애썼다. 나라를 위해 싸우다가 두 다리를 잃은 젊은 남자에게 무슨 말을 해주어야 할까? 무슨 말을 해야 그가 자신의 미래를 보다 긍정적으로 생각할 수 있을까?

폭발의 충격으로 얼굴이 부어 오르고 피로 물든 붕대에 감겨 거의 보이지도 않는 눈으로 베이츠가 나를 빤히 바라보았다. 그는 내 표정에서 동정심을 느낀 게 분명했다.

그가 손을 들어 올려 수화를 하기 시작했다.

나는 내 앞에 놓인 종이에서 그가 하는 손짓의 의미를 하나하나 찾았다. 천천히, 고통스럽게 그는 수화로 이렇게 말했다. 「나는 — 괜찮아 — 질 — 겁니다.」 그러고는 다시 잠에 빠져들었다.

그날 밤 병원을 나서면서 나는 울음을 참을 수 없었다. 그동안 그 병원을 거쳐 간 수백 명의 병사들과 이야기를 나누어 봤지만 나는 단 한 번도 자신의 처지를 원망하는 병사를 본 적이 없었다. 정말 단 한 명도 없었다! 그들은 자신이 군인이라는 사실을 자랑스러워했다. 그들은 자신의 운명을 받아들이고 있었고, 다시 부대로 복귀해서 전장에 남아 있을 전우들 곁으로 돌아가는 것 말고는 아무것도 바라는 바가 없었다. 그날 밤 왠지 애덤 베이츠는 내가 그동안 만났던 그 모든 병사들을 아프게 떠올리게 했다.

아프가니스탄의 야전 병원을 방문한 지 일 년 후, 나는 제75 레인저 연대의 연대장 이취임식에 참석했다. 그곳 관람석에 레인저 대원 베이츠가 있었다. 정복을 멋지게 차려 입고, 의족을 딛고 당당하게 서 있었다. 그가 많은 동료 레인저 대원들에게 턱걸이 시합을 하자고 얘기하는 게 들려왔다. 여러 번의 수술과 고통스러운 재활 치료, 새로운 삶에 적응하는 문제까지 온갖 어려움 속에서도 그는 결코 포기하지 않았다. 그는 웃음을 터뜨리고, 농담을 하고, 미소를 짓고 있었다. 내게 약속한 대로 그는 정말 괜찮아져 있었다!

삶은 어려운 시절들로 가득 차 있다. 그러나 저 밖에 누군가는 우리보다 훨씬 험난한 시절을 보내고 있다. 자기 연민에 빠져서, 자신의 불운을 불평하면서, 자신의 팔자를 한탄하면서, 자신의 상황을 다른 누구나 무언가의 탓으로 돌리면서 하루하루를 살아간다면 사는 것이 정말 지루하고 고단해질 것이다. 반대로 자신의 꿈을 포기하지 않고, 역경에 당당하고 강인하게 맞선다면 삶의 진정한 주인이 될 수 있을 뿐 아니라 주어진 삶을 보다 멋지게 바꾸어 갈 수 있을 것이다. 절대로, 절대로 종을 울리지 말라.

*

명심하라. 하나의 임무를 완수하는 것으로 하루를 시작하라. 살아가는 동안 당신을 도와줄 누군가를 찾아라. 모든 사람을 존중하라. 인생이란 공평하지 않을뿐더러 당신이 자주 실패할 거라는 사실을 인정하라. 약간의 위험을 감수하더라도 가장 힘들 때 앞장서고, 약자를 괴롭히는 자들에게 당당히 맞서고, 넘어진 자들을 일으켜 세우고, 절대로, 절대로 포기하지 말라. 이런 일들을 행동으로 옮긴다면, 그때 우리의 삶은 더 나은 것으로 바뀔 테고, 아마 세상도 그리될 것이다.

텍사스 대학 졸업식 연설

2014년 5월 17일

텍사스 대학의 슬로건은 〈여기서 시작된 것이 세상을 바꾼다〉입니다. 고백컨대 나는 이 말이 마음에 듭니다. 〈여기서 시작된 것이 세상을 바꾼다!〉

오늘 밤 이 자리에는 텍사스 대학을 졸업하는 거의 8천 명의 학생들이 모여 있습니다. 엄밀한 분석으로 유명한 애스크닷컴Ask.com은 평범한 미국인이 평생 1만 명의 사람들과 접촉한다고 이야기합니다. 정말 많은 사람이 아닐 수 없습니다. 하지만 여러분 한 사람 한 사람이 열 명의 인생을 바꾼다고 가정해 봅시다. 그리고 그들열 명이 다시 각각 열 명의 인생을 바꾼다고 가정해 봅시다. 분명히 말하지만 열 명입니다. 그러면 다섯 세대, 즉 125년 뒤에 여기 모인 2014년 졸업생은 대략 8억 명의 인생을 바꾸게 될 것입니다.

8억 명입니다. 생각해 보십시오. 미국 전체 인구의 두 배가 넘습니다. 한 세대가 더 지난다면 여러분은 80억 명에 달하는 전 세계 사람들의 인생을 바꿀 수 있는 겁니다. 열 사람의 인생을 바꾸는 것이, 그들의 인생을 영원히 바꾸어 놓는 것이 어디 쉽겠냐고 생각한다면 그건 잘못된 생각입니다.

나는 이라크와 아프가니스탄에서 매일 그 같은 일이 일어나는 것을 목격했습니다. 바그다드에서 한 젊은 육군 장교는 오른쪽 길이 아니라 왼쪽 길로 내려가기로 결정했고, 그 덕분에 그의 분대원 열 명이 매복 공격을 피하고 목숨을 건질 수 있었습니다.

아프가니스탄 칸다하르 지방에서 여성 작전팀의 한 하사관은 뭔가 이상한 낌새를 눈치 채고 보병 소대에 200킬로그램이 넘는 급조 폭발물로부터 떨어지라고 지시함으로써 군인 열두 명의 목숨을 구했습니다.

그런데 조금만 더 생각해 보면 한 사람의 결정으로 병사들의 목숨만 구한 것이 아님을 알 수 있습니다. 그 결정은 아직 태어나지 않은 그들의 아이들 목숨까지, 나아가 그 아이들의 아이들 목숨까지 구한 겁니다. 한 사람이 내린 단 하나의 결정으로 몇 세대가 목숨을 구원받은 것입니다.

세상을 바꾸는 일은 어디서나 일어날 수 있고, 누구나 할 수 있습니다. 그야말로 여기에서 시작된 것이 실제로 세상을 바꿀 수 있는 것입니다. 그럼에도 이 지점에서 궁금증이 생깁니다. 우리가 바꾼 세상은 도대체 어떤 모습일까요?

물론 나는 그 세상이 지금보다 훨씬 더 멋져 보일 거라고 확신합니다. 그럼에도 잠깐만 이 늙은 해병에게 아량을 베풀어 준다면 여러분이 보다 나은 세상으로 나아가는 데 도움이 될 만한 몇 가지 제안을 하고 싶습니다. 이제부터 소개할 교훈은 내가 군에 복무하면서 배운 것들이지만 장담컨대 단 한 번도 군복을 입어 보지 않은 사람에게도 매우 유용한 것들입니다.

여러분의 성별이나 인종, 종교적 배경이나 지향점, 사회적 지위는 중요하지 않습니다. 동시대를 살아가는 우리는 모두 비슷한 고난에 직면하기 마련이고 따라서 역경을 극복하고 앞으로 나아가도록, 요컨대 우리 자신을 바꾸고 우리 주위의 세상을 바꾸도록 도와줄 이 교훈들은 우리 모두에게 똑같이 적용될 것입니다.

나는 지난 36년 동안 네이비실로 살아 왔습니다. 하지만 그 기나긴 여정은 텍사스 대학을 떠나 캘리포니아 코로나도섬에서 실 훈련을 받는 것에서 시작되었습니다. 실 기초 군사 훈련은 6개월에 걸쳐 진행되는데 그 기간 동안 훈련병들은 모래밭에서 고문에 가까운 장거리 달리기를 하고, 샌디에이고 외해의 차가운 바다에서 한밤중에 수영을 하고, 장애물 훈련과 무한정 반복되는 맨몸운동을 하고, 며칠씩 잠을 자지 않고 버티고, 계속되는 추위와 눅눅함과 비참한 기분을 경험하게 됩니다.

심신이 나약한 훈련병을 솎아 내도록 전문적인 훈련을 받은 전사들이 6개월 내내 훈련병들을 끊임없이 괴롭힙니다. 물론 지속적인 스트레스와 혼돈, 실패와 역경 속에서 리더십을 발휘할 수 있는 훈련병을 발굴하기 위한 목적도 있습니다. 나한테 실 기초 군사 훈련은 평생 겪을 만한 시련을 단 6개월 만에 모두 경험하는 기회였습니다.

자, 그럼 여러분이 삶을 헤쳐 나아가는 데 도움이 되길 바라면서 내가 실 기초 군사 훈련을 통해 배운 열 가지 교훈을 소개하겠습니다.

실 기초 군사 훈련 기간에는 아침마다 교관들이 훈련병의 내무반을 돌았는데 그들이 제일 먼저 검사하는 것은 침대였습니다. 당시의 교관들은 하나같이 베트남전 참전 용사들이었습니다. 검사에 통과하기 위해서는 침대의 네 귀퉁이가 반듯하게 각이 서 있어야 했고 시트는 주름 하나 없이 팽팽하게 당겨져 있어야 했습니다. 베개는 침대 머리맡 정중앙에 위치해야 했으며 여분의 담요는 침대 발치에 깔끔하게 접혀 있어야 했습니다.

간단한 임무였고, 매일 반복되는 시시한 일이었습니다. 그럼에도 우리는 아침마다 침대를 완벽하게 정리할 것을 요구받았습니다. 당시에는 약간 우스꽝스럽다는 생각이 들었습니다. 특히 우리가 진정한 전사가 되기 위해서, 살벌한 전장을 누비는 실 대원이 되기 위해 모여 있다는 사실을 생각하면 더욱 그랬습니다. 그러나 시간이 흐를수록 나는 이 단순한 행위에 깃든 지혜를 번번이 깨달았습니다.

매일 아침마다 침대를 정리한다면, 여러분은 이미 그날의 첫 번째 임무를 완수한 것입니다. 그 일은 얼마간의 자부심과 함께 다른 임무도, 또 다른 임무도 해낼 수 있다는 용기를 북돋아 줄 것입니다. 하루가 끝날 즈음, 그렇게 완수된 하나의 임무는 다른 수많은 임무의 완수로 바뀌어 있을 것입니다. 침대를 정리하는 일은 삶의 작은 일들이 실은 얼마나 중요한 일인지도 가르쳐 줄 것입니다.

작은 일조차 제대로 해내지 못한다면 큰일은 더더욱 제대로 해낼 수 없습니다. 뜻밖에 끔찍한 하루를 보낸 날에도 집에 가면 잘 정리된 침대가 여러분을 맞아 주면서 내일은 오늘보다 나을 거라고 격려해 줄 것입니다. 여러분이 아침에 정리했던 바로 그 침대가 말입니다.

세상을 바꾸고 싶다면, 침대부터 정리하십시오.

실 기초 군사 훈련 기간 동안 훈련병들은 여러 조로 나뉩니다. 같은 보트를 타는 훈련병들이 한 조가 되고 각각의 조는 일곱 명으로 구성됩니다. 작은 고무보트의 양쪽에 세 명씩 배치되고 한 명이 키를 잡는 형태입니다. 훈련병들은 해변에서 조원끼리 대형을 갖추어 부서지는 파도를 헤치고 나아가 해안을 따라 매일 수 킬로미터씩 노를 저어야 합니다.

샌디에이고의 겨울 바다는 파고가 2, 3미터에 달하기 때문에 모든 조원이 전력을 다하지 않으면 밀려오는 파도를 뚫고 노를 저어 나아가기가 거의 불가능합니다. 키잡이의 구령에 맞추어 모든 승무원이 동시에 노를 저어야 합니다. 모든 승조원이 똑같이 전력을 다해야지 그렇지 않으면 파도에 밀려 방향이 틀어지고 여지없이 다시 해변으로 떠밀리게 됩니다.

보트가 목적지에 도착하기 위해서는 모든 승조원이 노를 저어야 합니다.

혼자서는 세상을 바꿀 수 없습니다. 다른 누군가의 도움이 필요합니다. 출발 지점에서 목적지에 정확히 도달하기 위해서는 친구와 동료와 타인의 선의가 필요하며 그들을 올바른 방향으로 안내할 키잡이가 필요합니다.

세상을 바꾸고 싶다면,
함께 노를 저어 줄 누군가를 찾으십시오.

혹독한 훈련이 몇 주 지나자 당초 150명으로 시작했던 우리 실 기수는 42명으로 줄어 있었습니다. 한 조에 일곱 명씩 이제 여섯 조밖에 남지 않은 상황이었습니다. 내가 속한 조의 조원들은 모두 키가 큰 편이었지만 정작 우리 기수 중에서 가장 좋은 성적을 기록한 조는 조원들의 키가 하나같이 작았습니다. 우리들 사이에서는 〈난쟁이족 승조원들〉로 통했는데 그들 중 누구도 키가 168센티미터를 넘지 않았습니다.

난쟁이족 승조원 조는 아메리칸 인디언 한 명, 아프리카계 미국인 한 명, 폴란드계 미국인 한 명, 그리스계 미국인 한 명, 이탈리아계 미국인 한 명, 다부진 체격의 중서부 출신 청년 두 명으로 이루어져 있었습니다. 그들은 다른 어떤 조의 조원들보다 빠르게 노를 젓고, 빠르게 달리고, 빠르게 헤엄쳤습니다.

수영 훈련을 할 때마다 다른 보트의 덩치 큰 조원들은 난쟁이족 승조원들이 그들의 〈자그만 발〉에 착용하는 〈자그만 물갈퀴〉를 보면서 으레 악의 없는 농담을 던졌습니다. 하지만 어떻든 간에 늘 마지막 순간에 웃는 주인공은 미국과 세계 여러 나라에서 모인 이들 작은 체격의 청년들이었습니다. 그들은 다른 누구보다 수영 실력이 뛰어났으며 우리가 도착하기 훨씬 전에 해변에 도착했습니다.

실 훈련에서는 누구에게나 공평한 기회가 주어졌습니다. 본인의 의지 말고는 성공하기 위해 필요한 것은 아무것도 없었습니다. 피부색도, 인종적인 배경도, 학력도, 사회적 지위도 중요하지 않았습니다.

세상을 바꾸고 싶다면, 물갈퀴의 크기가 아니라 심장의 크기로 사람을 판단하십시오.

일주일에도 몇 번씩 교관들은 훈련병들을 집합시켜 놓고 복장을 검사했습니다. 검사는 유난스러울 만큼 철저했습니다. 모자는 풀을 먹여서 완벽하게 각을 유지해야 했고 군복은 칼같이 다림질이 되어 있어야 했으며 벨트의 버클은 조금의 얼룩도 없이 반짝거려야 했습니다.

하지만 아무리 완벽하게 모자에 풀을 먹여도, 군복을 다려도, 버클을 반짝거리게 만들어도 충분하지 않았습니다. 교관들은 기필코 잘못된 〈무언가〉를 찾아냈습니다.

복장 검사에서 탈락한 훈련병들은 완전한 복장을 갖춘 채 파도 속으로 뛰어들어 머리부터 발끝까지 물을 적신 다음 온몸이 모래로 뒤덮일 때까지 해변을 뒹굴어야 했습니다. 이른바 〈설탕 쿠키〉가 되어야 했습니다. 훈련병은 차갑고 축축하고 모래가 잔뜩 들러붙은 군복을 입은 채로 그날 하루를 지내야 했습니다.

많은 훈련병이 자신의 노력이 헛수고에 불과했다는 사실을 받아들이지 못했습니다. 자기들 딴에는 열심히 노력해서 군복을 제대로 정비했는데 인정을 받지 못했기 때문입니다. 그런 훈련병들은 실 훈련을 끝까지 마치지 못했습니다. 그런 훈련병들은 훈련의 목적을 이해하지 못했습니다. 복장 검사를 통과하는 것은 애초부터 불가능한 일이었습니다. 완벽한 복장을 갖춘다는 것은 결코 가능한 일이 아니었습니다.

때로는 우리가 아무리 준비를 잘하고 탁월한 성취를 이루어 내더라도 설탕 쿠키 신세를 면치 못하는 경우가 더러 있습니다. 삶이란 것 자체가 때때로 그런 식이기 때문입니다.

세상을 바꾸고 싶다면, 설탕 쿠키가 되는 것을 겁내지 말고 계속 앞으로 나아가십시오.

실 훈련 기간 중 훈련병들은 다양한 신체 단련 과정에서 매일 도전에 직면했습니다. 장거리 달리기와 장거리 수영, 장애물 훈련, 몇 시간에 걸친 맨몸 운동 등 모든 것이 훈련생들의 패기를 시험에 들게 하는 것들이었습니다.

모든 훈련에는 항상 기준이 존재했습니다. 훈련병이 지켜야 할 제한 시간이 존재했습니다. 이 기준에 미달한 경우에는 명단에 이름이 올라갔고 그 훈련병들은 그날의 일과가 모두 끝나고 서커스를 받아야 했습니다.

서커스란 정해진 일과 외에 추가로 행해지는 두 시간짜리 맨몸 운동이었는데, 그날의 훈련에서 낙오한 훈련병들을 더욱 혹사시키고 기를 죽여서 스스로 훈련을 포기하게 하려는 의도가 깔려 있는 것이었습니다. 서커스를 받고 싶어 하는 훈련병은 아무도 없었습니다. 서커스는 그날 하루 내가 기대에 미치지 못했다는 걸 의미했습니다. 서커스는 피로가 더 심해진다는 것을, 그리고 피로가 더 심해지면 다음 날 훈련은 더 힘들어질 거라는 것을 의미했습니다. 그 결과는 아마도 더 많은 서커스로 이어질 터였습니다.

그럼에도 실 훈련이 어느 시점에 이르자 모든 훈련병이, 정말 모든 훈련병이 서커스 명단에 올랐습니다. 그리고 내내 명단에 올라 있던 훈련병들에게서 흥미로운 변화가 생겼습니다. 추가로 두 시간씩 맨몸 운동을 한 이들 훈련병의 체력이 시간이 지날수록 점점 좋아진 것입니다. 고된 서커스를 견디면서 정신력이 강해졌고 물리적인 회복력도 좋아졌습니다.

인생은 서커스로 점철되어 있습니다. 여러분은 실패할 것입니다. 아마 자주 실패하게 될 것입니다. 고통스러울 것입니다. 실의에 빠지기도 할 겁니다. 때로는 자신이 누구인지조차 회의하게 될 겁니다.

세상을 바꾸고 싶다면, 서커스를 겁내지 마십시오.

훈련병들은 일주일에 적어도 두 번씩 장애물 훈련을 받았습니다. 장애물 코스에는 3미터 높이의 장벽과 9미터 높이의 그물 사다리, 가시철조망 등을 비롯해서 스물다섯 가지 장애물이 포함되어 있었습니다.

그중에서도 가장 힘든 장애물은 〈외줄타기〉였습니다. 이 장애물 코스의 한쪽에는 3층 구조로 된 9미터 높이의 탑이, 다른 한쪽에는 1층 높이의 탑이 설치되어 있었습니다. 그 사이를 30미터 길이의 밧줄이 가로지르고 있었습니다.

훈련병은 3층 구조의 탑에 올라가 정상에서 밧줄을 그러쥔 다음 밧줄 아래 매달려 두 손을 교대로 옮겨 가면서 앞으로 전진해 반대편 탑까지 가야 했습니다. 이 장애물 코스의 기록은 우리 기수가 훈련을 받기 시작한 1977년까지 수년째 깨지지 않고 있었습니다. 절대로 깨지지 않을 것 같아 보였던 이 외줄타기 기록은 어느 날한 훈련병이 밧줄에 올라타 머리를 앞으로 디밀고 미끄러져 내려가기로 결심하면서 깨졌습니다.

밧줄 밑에 매달려 몸을 흔들며 조금씩 나아가는 대신 그 훈련병은 대담하게도 밧줄 위에 올라타 앞으로 밀고 나아갔습니다. 어리석어 보일 만큼 위험한 행동이었습니다. 위험 요소가 너무 많았습니다. 실패는 곧 부상을 의미했고, 훈련도 그만두게 될 터였습니다. 하지만 그 훈련병은 한 치의 망설임도 없이 아찔할 만큼 빠르게 밧줄 위를 미끄러져 내려갔고, 보통 몇 분씩 걸리던 거리를 그 절반밖에 안 되는 시간에 통과했습니다. 그가 코스의 끝에 이르자 기록은 이미 깨져 있었습니다.

<blockquote>
세상을 바꾸고 싶다면,
때로는 머리를 앞으로 디밀고
장애물을 돌파해야 합니다.
</blockquote>

육상전 훈련 단계에 접어들면 훈련병은 샌디에이고 연안의 샌클레멘테섬으로 이동합니다. 샌클레멘테섬 주변은 백상아리의 서식지였습니다. 실 훈련을 통과하기 위해서는 일련의 장거리 수영을 완수해야 했는데 야간 수영도 그중 하나였습니다.

수영을 시작하기 전 교관들은 훈련병들에게 신이 나서 샌클레멘테섬 근해에 어떤 상어들이 서식하는지 설명합니다. 안심하라는 말도 잊지 않습니다. 아직 상어에게 잡아먹힌 훈련병은 없었다고요. 적어도 최근까지는 말입니다.

하지만 상어가 자기 주변을 맴돌기 시작할 때 어떻게 해야 할지도 가르쳐 줍니다. 그 자리에서 버텨라. 헤엄쳐 도망치려 하지 말라. 겁먹은 티를 내지 말라. 혹시라도 상어가 밤참이 고파서 달려들면 상어 주둥이에 있는 힘껏 주먹을 날려라. 그럼 상어가 방향을 돌려 헤엄쳐 도망칠 것이다.

세상에는 무수히 많은 상어가 존재합니다. 수영을 끝까지 해내고자 한다면 상어에 대처해야만 합니다.

<u>세상을 바꾸고 싶다면,</u>
<u>상어에게 등을 보이지 마십시오.</u>

네이비실 대원의 임무 중 하나는 적 선박에 수중 공격을 가하는 것입니다. 우리는 실 기초 군사 훈련 기간에 이 기술을 집중적으로 훈련했습니다. 적선 공격 임무는 한 조를 이룬 두 명의 실 잠수 대원이 적 항구의 외곽에 투입되어 목표물에 도달하기 위한 나침반과 수심계 말고는 아무것도 사용하지 않은 채 3킬로미터가 훨씬 넘는 거리를 잠수하는 방식으로 진행됩니다.

잠수를 할 때면 물속으로 아무리 깊이 내려가더라도 으레 수면에 반사되는 약간의 빛이 보이기 마련입니다.

따라서 빛이 보인다는 것은 내 머리 위가 아무것도 없는 빈 바다라는 뜻이고 그 같은 사실을 아는 것은 어느 정도 마음을 안정시키는 효과가 있습니다. 하지만 항구에 정박되어 있는 배에 가까이 다가갈수록 그 빛은 사라지기 시작합니다. 배의 강철 구조물이 달빛은 물론이고 주변의 가로등 불빛까지 전부 차단하기 때문입니다. 어느덧 그 일대는 한 줌의 빛도 들지 않는 상태가 됩니다.

임무를 완수하려면 잠수부는 배 밑으로 잠수해서 배의 중심선이자 물속에 가장 깊이 잠겨 있는 용골을 찾아야 합니다. 이 용골이 바로 목표입니다. 하지만 용골은 물속 가장 깊은 곳에 위치해 있기 때문에 용골 바로 밑은 자신의 코앞에 손을 가져다 대도 보이지 않을 정도로 어둡습니다. 배에서 들리는 기계음 때문에 귀가 멀 정도이며 자칫 방향을 잃고 임무에 실패할 수도 있습니다.

실 대원은 누구나 용골 아래에 다다른 순간이야말로, 다시 말해 임무 수행 중 가장 어두운 상황에 직면한 순간이야말로 마음의 평정을 유지해야 할 때라는 사실을 압니다. 그럼으로써 자신의 모든 전술적 기술과 신체 능력, 내면의 힘을 이끌어 내야 할 때라는 사실을 말입니다.

세상을 바꾸고 싶다면, 가장 어두운 순간에

훈련 9주 차는 지옥의 한 주로 불립니다. 6일 동안 한 숨도 자지 못하며 육체와 정신이 끊임없이 괴롭힘을 당할 뿐 아니라 갯벌에서 특별한 하루를 보내게 됩니다. 샌디에이고와 티후아나 사이에 위치한 그 갯벌은 티후아나 진창이라는 곳으로 물이 들이치면서 자연적으로 형성된 몸이 푹푹 빠지는 진창입니다.

지옥의 한 주 사흘째인 수요일이 되면 훈련병들은 노를 저어 그 갯벌로 이동해서 뼈가 시릴 정도로 차가운 진창과 거센 바람, 포기를 종용하는 교관들의 끈질긴 압박을 15시간 동안 견뎌야 합니다.

그 수요일 저녁에 해가 저물 무렵, 우리 훈련 기수는 〈터무니없는 규칙 위반〉을 저질렀다는 이유로 진창 안으로 들어가라는 명령을 받았습니다. 진창은 순식간에 훈련병들을 삼켜 버려 진창 위에는 머리들밖에 남지 않았습니다. 교관들은 다섯 명만 포기하면 진창에서 나와 혹독한 추위를 벗어나게 해주겠다고 말했습니다.

주변 갯벌을 둘러보자 몇몇 훈련병은 포기하려는 기색이 역력했습니다. 해가 뜨려면 아직 여덟 시간도 넘게 남은 상황이었습니다. 뼈가 시릴 정도의 추위를 여덟 시간은 더 버텨야 한다는 뜻이었습니다. 훈련병들의 이를 부딪치는 소리와 떨면서 내는 신음 소리가 어찌나 크던지 다른 소리는 들리지도 않을 지경이었습니다. 그런데 그때 한 목소리가 밤하늘을 뚫고 메아리치기 시작했습니다. 노래를 부르는 소리였습니다. 노래는 음정이 하나도 맞지 않았지만 대단한 열정을 담아 노래하고 있었습니다. 하나의 목소리는 이내 둘이 되고 둘은 다시 셋이 되어 오래지 않아 우리 기수 모두가 노래하고 있었습니다.

한 사람이 그 끔찍한 상황을 이겨 낼 수 있다면 다른 사람들도 이겨 낼 수 있을 터였습니다. 교관들이 계속 노래를 부르면 진창 속에 더 오래 있게 하겠다고 으름장을 놓았지만 노랫소리는 끊어지지 않았습니다. 왠지 진창이 조금 더 따뜻해진 것 같았고 바람도 잦아든 것 같았으며 새벽도 그리 멀지 않은 듯이 느껴졌습니다.

내가 세상을 돌아다니면서 뭔가 배운 것이 있다면 그것은 바로 희망의 힘입니다. 조지 워싱턴, 에이브러햄 링컨, 마틴 루서 킹, 파키스탄의 어린 소녀 말랄라 같은 한 개인이 발휘한 힘 말입니다. 단 한 사람이 사람들에게 희망을 줌으로써 세상을 바꿀 수 있습니다.

세상을 바꾸고 싶다면,
진흙이 목까지 차오르더라도
노래를 시작하십시오.

끝으로, 실 기초 군사 훈련소에는 모든 훈련병들의 눈에 잘 띄도록 훈련소 한가운데에 설치해 놓은 황동 종이 하나 있습니다. 훈련을 포기하고 싶은 훈련병은 그 종을 치기만 하면 됩니다. 종을 치기만 하면, 더 이상 새벽 다섯 시에 기상할 필요가 없습니다. 종을 치기만 하면, 더 이상 얼음장처럼 차가운 물속을 헤엄칠 필요가 없습니다. 종을 치기만 하면, 더 이상 달리기나 장애물 훈련, 맨몸 운동을 할 필요가 없으며, 고된 훈련을 견뎌야 할 이유도 없습니다.

단지 종을 치기만 하면 됩니다.

세상을 바꾸고 싶다면,
절대로 종을 치지 마십시오.

2014년 졸업생 여러분, 여러분은 이제 졸업을 앞두고 있습니다. 인생이란 긴 여정의 시작을 앞두고 있습니다. 세상을 보다 살기 좋은 곳으로 바꾸어 나갈 첫발을 앞두고 있습니다. 그 길이 절대로 쉽지는 않을 것입니다.

하나의 임무를 완수하는 것으로 하루를 시작하십시오. 일생 동안 여러분을 도와줄 누군가를 찾으십시오. 모든 사람을 존중하십시오. 인생이란 절대 공평하지 않을뿐더러 여러분이 자주 실패할 거라는 사실을 명심하십시오. 위험을 감수하더라도 정말 가장 어려울 때 앞장서고, 약자를 괴롭히는 자들을 물리치고, 힘든 사람을 도와주고, 절대로, 절대로 포기하지 마십시오. 이렇게만 한다면, 여러분의 다음 세대와 그 이후 여러 세대는 오늘날 우리가 사는 이곳보다 훨씬 나은 세상에서 살아갈 것입니다. 그리고 여기에서 시작된 실천이 정말로 세상을 더 나은 곳으로 바꿀 것입니다.

감사합니다. 텍사스 대학 만세!

옮긴이의 말

모든 길은 로마로 통한다는 말이 이 경우에도 해당되
는지 모르겠다. 요는 군인이나 민간인이나 사람 살아가
는 모습은 다 비슷하기 마련이고 그래서 저자가 실 기초
군사 훈련을 받으면서, 37년 동안 군 생활을 하면서 깨
달은 교훈과 통찰력이 일반인인 우리에게도 깊은 울림
을 준다는 사실이다.

자신을 다잡고 더 나아가서는 세상을 더 나은 곳으로
만들기 위해 자신만의 원칙을 정하고 그 원칙을 지키며
살았다는 점에서, 그럼에도 주변 사람들과 공감할 줄 알
았다는 점에서, 저자는 이미 위대한 사람이다. 2014년
도 텍사스 대학 졸업생들을 비롯한 많은 사람이 그를 좋
아하는 것도, 내게는 이 책이 점점 자서전처럼 느껴지는
것도 어쩌면 그런 이유일 것이다. 원칙을 지키기보다 주
로 타협하는 삶을 살아 온 사람으로서 불쑥불쑥 고개를

쳐드는 과거의 잔상이 더욱 부끄러워지는 이유이기도 하다. 때가 되더라도 절대 후회는 하지 않겠노라고 다짐했건마는 이제는 시시때때로 부끄러움이 발작한다.

저자는 해군 ROTC 출신으로 네이비실에 자원해서 미국 해군 대장을 지낸 인물이다. 병역 제도의 차이 때문이었을 것이다. 다소 엉뚱하게도 이 책에서 가장 먼저 나의 관심을 끈 대목은 실 대원이 되고자 하는 저자의 진지하고도 경건한 태도였다. 세상의 다른 한쪽에서 누군가는 그렇게도 진지하게 군인이 되고자 했으며 나라를 위해 봉사한다는 사실에 자긍심을 느끼고 있었다. 우리나라에도 직업 군인들이 존재하고 어쩌면 그들의 열정도 저자와 크게 다르지 않을 것이다. 진심으로 우리나라의 모든 군인들에게 이 책을 추천하고 싶다.

한편 미국 독자 중에는 특히 자녀나 손주에게 이 책을 선물했다는 사람이 많았다. 자신이 먼저 읽고 공감해서 자녀나 손주에게도 사주었다는 것이었다. 으레 하는 말일 수도 있겠지만 자녀와 같은 책을 공유한다는 발상이 정말 괜찮아 보였다. 아버지와 아들이, 할아버지와 손자가 같은 책을 소장하고 있는 것만큼 가시적인 공감대가 또 있을까? 자신의 목소리로 아들에게 〈심장의 크기로

사람을 판단하라〉고 말하기가 겸연쩍다면 다른 사람의
목소리를 빌리는 것도 좋은 방법일 듯싶다.

옮긴이 **고기탁** 한국외국어대학교 불어과를 졸업하고, 펍헙 번역 그룹에서 전문 번역가로 일한다. 옮긴 책으로 앤드루 솔로몬의 『부모와 다른 아이들』, 에번 오스노스의 『야망의 시대』, 프랑크 디쾨터의 인민 3부작 중 『해방의 비극』, 『문화 대혁명』, 토마스 프랭크의 『민주당의 착각과 오만』, 헨리 M. 폴슨 주니어의 『중국과 협상하기』, 캐스 R. 선스타인의 『TMI: 정보가 너무 많아서』, 『동조하기』 등이 있다.

침대부터 정리하라

발행일 2017년 12월 20일 초판 1쇄
        2021년 6월 10일 초판 8쇄
        2022년 7월 1일 신판 1쇄
        2024년 3월 20일 신판 2쇄

지은이 윌리엄 H. 맥레이븐
옮긴이 고기탁
발행인 홍예빈 · 홍유진
발행처 주식회사 열린책들

경기도 파주시 문발로 253 파주출판도시
전화 031-955-4000 팩스 031-955-4004
홈페이지 www.openbooks.co.kr 이메일 humanity@openbooks.co.kr